W0187261

hänssler

Barbara Johnson

Heute schon gefreut?

Das Barbara-Johnson-Andachtsbuch

Barbara Johnson ist eine in den USA bekannte Rednerin und Humoristin. Sie ist die Gründerin der Organisation »SPATULA«, die Eltern helfen möchte, deren Kinder sich in der Homosexuellenszene befinden.

Hänssler-Paperback
Bestell-Nr. 393.465
ISBN 3-7751-3465-4

Originaltitel: Boomerang joy: joy that goes around, comes around
Übersetzung: Dr. Friedemann Lux

Umschlaggestaltung: Dialog Werbeagentur
Titelillustration: Birgit Tanck
Innenillustrationen: John McPherson
Satz: AbSatz, Klein Nordende
Druck und Bindung: Ebner ULM
Printed in Germany

Meinem geschätzten Drüsenfacharzt
und Bumerang-Prinzip-Förderer
Dr. med. Jeffrey S. Bodwin
wärmstens gewidmet.

Inhalt

Der Lachbumerang

Wenn nach einer dunklen Wolke
wieder mal die Sonne scheint,
wenn's in deinem Herzen kribbelt,
weil das Leben gut es meint:
Nimm dein Lachen in die Hände,
wirf's dem zu, der ohne Glück,
und im Nu kommt es als schöner
Bumerang zu dir zurück!

Capt. Jack Crawford

Auf geht's!

Bumerang: Gekrümmtes Wurfholz, das typischerweise auf der einen Seite flach und auf der anderen abgerundet ist, sodass es in einer Kurve fliegt; im engeren Sinne ein Wurfholz, das zum Werfer zurückkehrt.
(Webster's Ninth New Collegiate Dictionary)

Das Leben: Wir stecken alle drin, mal tief, mal weniger tief. Aber egal wie tief, wir können alle ein bisschen Bumerang-Technik gebrauchen. Der Bumerang, ursprünglich eine Kriegs- und Jagdwaffe, fliegt zum Werfer zurück, wenn er sein Ziel verfehlt. Ein geübter Bumerang-Werfer kann das Holz hundert Meter weit werfen und trotzdem mit der Hand einfangen, wenn es zurückkommt.

Das Spiel des Lebens ist ein Bumerang-Spiel. Früher oder später und mit erstaunlicher Zielgenauigkeit kommen unsere Gedanken, Taten und Worte zu uns zurück. Wenn Sie wieder einmal müde und geschafft sind und nicht mehr mögen, versuchen Sie es mit einem Freuden-Bumerang! Es gibt sie ja nun mal, die Tage, wo die beste Freundin gerade verreist ist, der Ehemann im Büro und der Pastor, Psychiater oder Friseur gerade seinen Mittagsschlaf macht. Da hilft nur noch das Lächeln-Werfen. Probieren wir es aus! Es kommt garantiert zu uns zurück, jedes Mal genauer.

Lassen wir uns von der Bumerang-Power der australischen Ureinwohner inspirieren und gehen wir – Freude jagen. Nehmen wir dieses Wunderholz in die Hand, holen wir weit aus und werfen wir es! Bringen wir unseren Wurfarm auf Vordermann, indem wir unsere Lachmuskeln trainieren. Werden wir verrückt, schrullig, schnurrig! Mehr Sonne im Leben gefällig? Wirf deinen Freuden-Bumerang.

Frisch und froh,

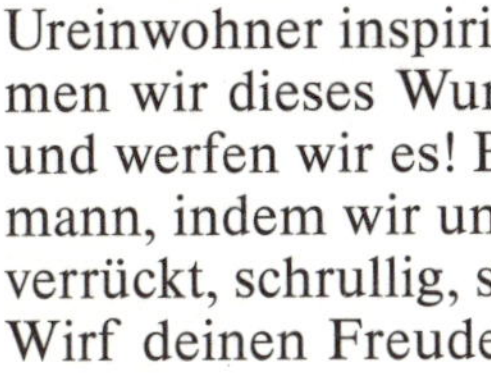

Wie man einen Bumerang wirft

1. Mit drei Fingern so packen, dass die gebogene Seite zum Körper zeigt.
2. Mit gestreckt erhobenem Arm werfen.
3. Beim Loslassen mit dem Handgelenk schnippen, um dem Bumerang den richtigen Drall zu geben.

Wirf mit Jesu Freude

Wenn's heiß wird, komm zu mir –
wir verstecken uns im Keller!

Spaß beiseite: Es ist echt verzwickt, das Leben. Niemand von uns weiß, was als Nächstes passieren wird. Oder wie lange er noch leben wird. Oder wie lange er noch lieben kann. Und darum sollten wir jeden Augenblick ganz bewusst leben, nach dem Bumerang-Prinzip. Bumerang-Freude ist die Freude, die zu mir zurückfliegt, wenn ich einem anderen Menschen ein Stück Freude bereite.

Und jetzt möchte ich Ihnen etwas verraten, was ich noch in keinem meiner Bücher oder Vorträge erwähnt habe – nicht, um als die Heilige Barbara dazustehen, sondern weil es das beste Beispiel von Bumerang-Freude in meinem eigenen Leben ist. Vor einigen Jahren begann ich mit einer Liste all der Familien, die unser Hilfswerk Spatula Ministries in den vergangenen zwölf Monaten beraten hatte – Familien, die Kinder durch Aids, Selbstmord oder auch tragische Unfälle verloren hatten. Im ersten Jahr standen nur 60 oder 70 Namen auf dieser Liste. Letztes Jahr waren es schon 370 Familien, vor allem aufgrund des Vormarsches von Aids.

Ich behandele dieses Projekt als Geburtstagsgeschenk für mich, weil ich jedes Jahr an meinem Geburtstag, dem 14. Dezember, damit anfange. Ich stehe um vier Uhr morgens auf (wegen des dreistündigen Zeitunterschieds zwischen der Ostküste und der Westküste in den USA) und fange an, jede Familie anzurufen, die im Laufe des Jahres ein Kind verloren hat. Viele dieser Eltern sind ganz überwältigt, wenn ich ihnen erkläre, wer ich bin und warum ich sie anrufe. Sie sind tief bewegt, dass da jemand ist, der an sie denkt und ihretwegen ein Ferngespräch führt. Man hört es förmlich aus ihren Stimmen heraus, dieses ungläubig-freudige Erstaunen.

Ich sage diesen Eltern, dass ich weiß, dass dies ihr erstes Weihnachtsfest ohne ihr Kind sein wird, und dass ich ihren Schmerz verstehe. An dieser Stelle stockt das Gespräch gewöhnlich, und ich höre, wie bewegt meine Gesprächsteil-

»Mensch, das war toll, Papa! Bringst du mir das bei? He, Papa!!«

nehmer sind. Weinen, belegte Stimmen, Dankbarkeit, dass da einer einen nicht vergessen hat.

Ich lasse den Eltern Zeit, ihren Gefühlen Ausdruck zu geben. Manche haben sich noch nie getraut, jemandem zu sagen, woran ihr Sohn oder ihre Tochter gestorben ist, und ich höre die Erleichterung in ihren Stimmen, wenn wir fertig geredet haben. Viele öffnen sich in diesen Gesprächen zum ersten Mal, lassen den Eiter des Schmerzes aus ihrem Herzen abfließen. Wir wissen, wie heilend Offenheit wirkt, und so reden wir noch weiter. Manchmal bete ich mit diesen Menschen, bitte Gott, die warme Decke seines Trostes um sie zu legen und an den Feiertagen ihr Arzt zu sein. Und ich höre förmlich, wie ihr Herz leichter wird.

Diese Anrufe gehen bis Weihnachten weiter, manchmal auch noch ein, zwei Tage danach. Und dann, im Januar, kommen sie, die Briefe und Karten meiner Gesprächspartner, eine ganze Lawine. Dies ist meine Bumerang-Freude! Die Eltern schreiben mir, dass das ihr schönstes Weihnachtsgeschenk war – dass da einer an sie dachte, dass sie den Namen ihres Kindes aussprechen und offen über ihre Trauer reden konnten. Dass diese schlichte Geste ihnen das Fest erträglich machte. Aus dem ganzen Land kommt ein Strom der Freude zu mir zurück.

Als ich kürzlich auf einer Konferenz im Mittleren Westen der USA sprach, drängte es mich am Ende meines Vortrags, den kleinen Anstecker zu erklären, den ich trage und auf dem steht: »Jemand, den Jesus liebt, hat Aids.« Ich sagte meinen Zuhörern, dass dort nicht steht: »Jemand, *der* Jesus liebt«, sondern: »Jemand, den Jesus liebt«. Es ist mir wichtig, dass die Leute begreifen, dass wir Jesus nicht egal sind. Und ich fuhr fort: »In Gottes Familie gibt es keine Abtreibungen. Wenn wir einmal mit seiner Gnade versiegelt sind, können wir vielleicht in Sünde fallen und unsere Gemeinschaft verlieren, aber unsere Beziehung zu Gott ist immer noch die gleiche. Wir gehören ihm, und er geht jedem verlorenen Sohn unaufhörlich mit seiner Liebe nach.« So deutlich über dieses Thema gesprochen wie an diesem Tag hatte ich noch nie.

Als die Veranstaltung zu Ende war, kamen zwei bedrückt aussehende junge Männer zu mir. Sie mochten Ende zwanzig sein und trugen Schlips und Anzug, denn sie waren Platzanweiser. Sie hatten meine abschließenden Worte gehört und erklärten mir, dass sie beide Aids hatten und dass der eine erst vor ein paar Wochen einen Selbstmordversuch unternommen hatte. Noch nie zuvor, so sagten sie mir, hatten sie gehört, dass Gott sie liebte. Die Christen hatten ihnen nur immer gesagt, dass es für solche wie sie keine Rettung mehr gab.

Die Angst und der Schmerz in den Augen dieser jungen Männer begann zu schmelzen, als sie erkannten, dass Gott sie liebte, ja, dass es noch möglich war, dass sie ihre Herzen vor ihm in Ordnung brachten. Als wir uns verabschiedeten, gaben sie mir die Adressen ihrer Mütter. Niemand weiß, wie diese Geschichte enden wird. Vielleicht muss ich, wenn dieses Jahr zu Ende ist, auch bei ihren Eltern einen Trostanruf machen. Aber was auch geschehen mag, ich werde diese beiden jungen Männer nicht vergessen.

Kennen Sie auch einen Menschen, der ein lauschendes Ohr und ein Mut machendes Wort braucht? Warten Sie nicht, bis er Geburtstag hat; rufen Sie ihn gleich jetzt an und sagen Sie ihm, dass er Ihnen nicht egal ist! Fangen Sie an, sich anderen Menschen zu schenken, und Sie werden einen kleinen Freuden-Bumerang in der Hand halten!

Kopf hoch!

Wenn du mit anderen teilst, wirst du selbst beschenkt.
(Sprüche 11,25)

Zum Beten

Lieber Herr, ich liebe die Art, wie du bei den Menschen warst, wie du ihre Wunden berührtest und wie sie dich und den Saum deines Gewandes berühren durften. In deiner Gegenwart ist Heilung und Freude. Ich weiß, dass ich vielleicht der einzige Jesus bin, den mein Mitmensch je sehen wird. Hilf mir, deine Liebe weiterzugeben, wenn ich nicht weiß, wie ich meinen Nächsten erreichen oder was ich ihm sagen soll. Amen.

Üben, üben ...

Warum normal sein? (Oder, wie es in einem Buchtitel heißt: »Normal« ist ein Waschmaschinenprogramm.)

Die Worte standen auf einem Aufkleber, der verkehrt herum auf einem vorbeifahrenden Auto prangte: »Warum normal sein?« Ja!, dachte ich. Warum eigentlich? Und wo konnte man so einen Aufkleber kaufen? Aber auf meinem roten Ford hätte er nicht halb so provokativ ausgesehen wie auf jenem hellgrünen Citroën.

Ein paar Tage später las ich dies: »Ich wollte schon immer normal sein; ich fürchte, ich hab's geschafft.« Die einen wünschen, sie wären normal, die anderen wünschen gerade das Gegenteil. Mich persönlich zieht es mal in die eine, mal in die andere Richtung. Meistens möchte ich einfach so sein wie alle anderen auch – seelisch im Lot, hinreichend glücklich, den Rollen, die das Leben mir gibt, gewachsen und ohne all zu viele Zukunftssorgen. Ich möchte oft normal sein, aber nicht langweilig.

Aber sind die anderen wirklich so normal und im Lot? Niemand weiß es besser als ich: Die Menschen leiden. Auf meinen Vortragsreisen lerne ich das Leiden in all seinen Formen kennen: versteckt, bemäntelt, sinnlos, unwirklich, verdrängt. Leiden gehört zum ganz normalen Leben.

Und darum sage ich: Warum normal sein? Warum nicht so viel Freude mitnehmen wie möglich, damit wir dann, wenn der Schmerz kommt, besser mit ihm umgehen können? Ob Sie es glauben oder nicht, die meisten könnten nicht mit ihm umgehen! Beim kleinsten bisschen brechen sie schon schier zusammen. Wir müssen uns seelisch auf Vordermann bringen!

Das heißt nicht, dass wir anfangen, unsere Probleme unter einem Plastiklächeln zu verstecken, sondern wir stellen uns dem, was da auf uns zukommt, mit aller Kraft und sagen: »Komm, Herr, gib mir's! Ich weiß, dass du mich liebst. Ich nehme jeden Tag so, wie er kommt, *durch den Filter deiner Liebe*. Du weißt, dass ich das hier schaffe, du traust mir das zu. Ich freue mich mitten in diesen Schwierigkeiten.« Ich habe es gelernt, mich jeden Tag zu freuen – indem ich mich weigere, normal zu sein, indem ich nicht mehr der Lüge glaube, dass ich mir von all dem Lebensgepäck und Elend, das mich durch alle meine Ausweichmanöver so hartnäckig verfolgt, die Lebensfreude nehmen lassen muss. Jeden Tag tue ich irgendetwas Lustiges, Komisches, Verrücktes, um mich und andere zum Lachen zu bringen – z. B. auf meinem Trampolin für die Entrückung üben!

Und dann werfe ich diese Freude – über den Gartenzaun, über die ganze Stadt, hinaus ins Universum. Und die Freude dreht um und kommt voll zu mir zurück. Manchmal, wenn ich das brauche, landet sie voll auf meinem Kopf, manchmal saust sie – zack! – in mein Herz, manchmal fällt sie mir vor die Füße. Aber zurück kommt sie immer.

»Jaaa!«, rufe ich. »Hurraa!« Ich hebe voll ab bei diesem Spiel. Jemand hat einmal gesagt, dass es im Himmel ähnlich sein wird, wenn wir unsere Kronen Jesus zu Füßen legen. Ein himmlisches Fangenspiel: Er wirft die Kronen zu uns zurück, und wir werfen sie wieder ihm zu, voller Begeisterung wie die Kinder und die Engel. Wenn es im Himmel so sein wird, dann möchte ich es jetzt schon mal ein bisschen üben, indem ich meine Bumerangs werfe.

Und darum habe ich beschlossen, immer guter Laune zu sein. Darum will ich den Menschen freundlich begegnen, egal, wie sie mich behandeln. Es kommt zurück, das Lächeln. Ich werfe meine Freudenbumerangs nicht, weil mir gerade danach zumute ist. Es ist ein ganz bewusster Lebensstil, eine Liebeserklärung an das Wilde, das Kind in mir, den Vogel im Baum. Warum normal sein?

Wie wäre es mit folgendem Namen für die ideale Selbsthilfe-Organisation? SCHRULL (»Schrullige Lebenshilfeliga«). Kommen Sie mit mir, werden Sie eine Schrulle. Lassen Sie Ihre Freude raus. Eine meiner Methoden dabei ist, dass ich den Leuten etwas zum Lachen gebe. Wie? Indem ich Witze sammle und alles aufschreibe, was ich an aufmunternden Sprüchen und Geschichten höre. Lachen ist besser als zum Psychiater gehen, es ist die beste Salbe für die Sonnenbrände des Lebens, der Groschen, den kein Verdruss wechseln kann.

Einmal brachte ich in unserem Spatula-Rundbrief einen Spruch von einer Karte: »Lass mich dein Seelen-BH sein« (die innere Stütze halt). Alsbald kam ein strenger Brief, der dies

»geschmacklos« fand. Ich verstand sie, die Absenderin. Okay. Ich habe meine Kritiker, die mich auf dem schmalen Pfad des strikt tugendhaften Humors halten wollen. Sie kommen mit Kamm und Bürste, und warum sollen sie nicht? Ich sause einfach weiter und rufe: »Warum normal sein?«

Was immer auch Ihr Problem ist, versuchen Sie, es in einem anderen Licht zu sehen. Tun Sie's einfach, keine falsche Bange! Suchen Sie das Komische, das Neue. Gönnen Sie Ihren Problemen nicht die Energie, die Sie eigentlich brauchen, um Ihren Bumerang-Arm zu trainieren. Denken Sie ein bisschen über sie nach, und dann stülpen Sie sie um und betrachten Sie sie durch Gottes Brille. Kauen Sie an dem Potenzial Ihrer Sorgen, damit Sie klüger, besser, stärker, freundlicher werden. Genehmigen Sie sich dabei ein paar unerwartete Bonbons und Riesenlutscher. Und dann nehmen Sie den Bumerang, den ich »Freude« nenne, und schleudern Sie die Sorgen mit ihrer lustigen Seite nach vorne hinaus in die Welt.

Sagen Sie: »Gott liebt dich – weitersagen!«

Kopf hoch!

Bittet, und ihr werdet es bekommen, damit eure Freude vollkommen und ungetrübt ist. (Johannes 16,24)

Zum Beten

Mein Gott und Vater, du bist der Gott allen Trostes, der Gott allen Lachens, der Gott allen guten Humors, der mir Halt gibt in den Stürmen meiner Welt. Auch wenn ich nicht normal bin. Auch wenn nicht alles okay ist. Auch wenn die Leute über mich reden, mich fallen lassen, mich schlecht machen. Danke, dass du in allem bei mir bist und mir hilfst, mich über das alles zu erheben! Amen.

Das Gärtnern lebe hoch!

Alte Gärtner sterben nicht, sie beißen ins Gras.

Keine Geschenkboutique, kein Versandhauskatalog ohne Gartenartikel. Die Gartenschere mit Monogramm. Der Gartenzwerg mit Beleuchtung. Das Edelspalier Marke »Rosenkavalier«. Vogelhäuser jeder Größe und Art, vom schlichten Starenkasten bis zur Villa Prachtfink. Schilder mit der Aufschrift »Mutters Garten«.

Das Gartenfieber geht um. Jeder scheint ein Gärtner zu sein, auch wenn er im 11. Stock wohnt, zwei linke Hände hat, Möhren nicht von Löwenzahn unterscheiden kann und nicht weiß, was eine Harke ist. Oder kein Gemüse isst, Marienkäfer für Spinnen hält oder allergisch gegen Gräser oder Bienen ist. Jeder ist verrückt aufs Gärtnern. Vielleicht kriege selbst ich sie noch, die große »Gärtneritis«.

Sind Sie auch so wie ich? Nun, ein paar Blumen kann jeder pflanzen: zum Beispiel Gebet, Geduld, Friede, Begeisterung. Aber es reicht nicht, dass ein Gärtner Blumen liebt. Er muss auch das Unkraut hassen. Wenn die guten Pflanzen zu wachsen beginnen, müssen wir die schädlichen ausreißen oder abschneiden: das Bitterkraut zum Beispiel und den Stolzerich und den Hab-kein-Bock. Und fleißig mit Liebe gießen nicht vergessen!

Wir alle sind Gärtner des Herzens. Warum? Weil in uns allen eine alte Sehnsucht nach der guten Erde lebt. Vergessen wir nicht, dass Adam seine Eva in einem Garten kennen lernte – in Eden. Dort gingen sie in der Stille der Abenddämmerung, wenn die Rosen und der Jasmin und die Apfelblüten die Luft mit ihrem Duft erfüllten, mit ihrem Schöpfer spazieren, in einer Gemeinschaft, von der wir nur noch träumen können.

Und wären Sie nicht auch gerne dabei gewesen in jenem Garten vor den Toren Jerusalems, an jenem Sonnenaufgang vor zweitausend Jahren, als die Bäume ausschlugen und die Blumen sich öffneten und Jesus zum ersten Mal seinen neuen Leib trug? Im dunstigen Licht des beginnenden Tages hielt ihn eine Frau, die ihn am Kreuz hatte sterben sehen, für den Gärtner. Sicher hat sie sie nie vergessen, diese wundervolle Begegnung in dem Garten.

Fangen Sie an mit Ihrem Liebesbeet! Alles, was Sie brauchen, sind ein paar Samenkörner von der Größe eines Sandkorns. Jesus hat gesagt, dass dann, wenn unser Glaube auch nur so groß wie ein Senfkorn ist, uns nichts mehr unmöglich sein wird (Matthäus 17,20). Als ich ein Kind war, konnte man kleine Halsketten kaufen, an denen eine winzige Glaskugel mit einem solchen Senfkorn hing. Ich hatte eine solche Kette, und das Senfkorn, man übersah es fast. Aber heute begegne ich Menschen, deren Leben ein herrlicher Blumengarten ist, weil sie Jahr um Jahr solche winzigen Samenkörner der Güte ausstreuten. Sie bringen Frucht, die wir anderen ernten dürfen. Oft wissen sie selber nicht, wie Gott sie benutzt. Mit ihrer Treue überstehen sie Stürme, Dürren, Läuse und Mehltau. Sie wissen, dass die Blüte einer guten Tat mit der Zeit verblasst, aber dass der Duft der Freude, die sie uns bringt, bleibt.

Der Psalmist schreibt: »Dann bleibst du im Land und wohnst in Sicherheit.« (Psalm 37,3) Ein chinesisches Sprichwort sagt: »Wer einen Garten bepflanzt, pflanzt Glück.« Und in Amerika sagt man: »Wer einen Garten bepflanzt, wartet nicht, bis jemand ihm Blumen bringt.« Er hat gar keine Zeit dafür; er ist viel zu sehr damit beschäftigt, Blumensträuße für seine Mitmenschen zu pflücken!

Wenn die Krokusse kommen, wissen wir, dass der Winter gebrochen ist. Bringen wir den Menschen, die wir kennen, einen Krokusstrauß des Glaubens. Lassen wir uns das Blau und Gelb und Violett ein Ansporn sein, weiter zu glauben und auf den Frühling zu warten, egal wie hart der Winter ist. Der Gärtner liest die Zeichensprache der Jahreszeiten und weiß, dass alles seine Zeit hat, auch das »Einpflanzen und Ausreißen« (Prediger 3,2). Er weiß, dass es eine Jahreszeit für jede Farbe und jeden Geschmack gibt. Er weiß, dass der Bach sein Lied verlieren würde, wenn Gott die Steine wegnähme. Er weiß um die Verheißung des Regenbogens: dass Gott genügend Regen und Sonne senden wird, damit alles reichlich wachsen kann.

Warum die Gärtneritis? Warum all die Bücher, Kalender, Werkzeuge, Gartenzwerge, Lieder, Bilderrahmen, Stühle und Bänke und Kleider? Warum fasziniert er uns so, der Hocker aus der Baumwurzel, die Schubkarre als Blumenkasten? Warum

Ingrids Hobby begann, bedenkliche Formen anzunehmen.

die Blumenfensterbank im Wohnzimmer, die Kakteen in der Küche? Weil wir ein Verlangen nach der stillen Harmonie von Grün und Gold und tiefbrauner Erde haben. Weil die Gemeinschaft mit Gott in einem Garten begann und wir uns danach zurücksehnen. Weil der Wind in den Blättern, das Nicken der Blüten, das Wehen des Grases uns an unsere eigentliche Heimat und den Frieden, den Gott uns dort schenken wird, erinnern. Weil meine Geranien und Stiefmütterchen und Petunien und die Freude, die sie mir geben, Vorboten von Gottes großem Freudengarten sind.

Bis es so weit ist, leihe ich Gottes Sämlinge aus und lasse meine Mitmenschen an der Ernte teilhaben. Die Minze in dem Topf vor der Hintertür versüßt meinen Nachmittagstee; ich lade eine Nachbarin dazu ein. Die Petersilie von der Fensterbank wird Tante Sadies Eintopf den letzten Pfiff geben. Meine pasta-vernarrte Schwiegertochter wird das frische Basilikum und Rosmarin zu schätzen wissen. Dann die Erdbeeren für Bills Frühstück und der Rhabarber für Omas berühmten Kuchen. Erdfrische Tomaten für die ganze Nachbarschaft.

Gärtnern verbrennt Kalorien, vermindert das Herzinfarktrisiko, ist gut gegen Bodenerosion und gibt tausend kleinen Lebewesen Kost und Logis. Es lebe hoch, das Gärtnern! Machen Sie sich die Handschuhe schmutzig, lassen Sie Sonne an Ihr Gesicht, knien Sie sich auf Gottes Erde! Hegen und pflegen Sie Glauben und Liebe. Glauben Sie, dass die Ernte kommen wird. Gott wird etwas Schönes machen aus all unserer Arbeit.

Der schönste Garten blüht im Herzen!

Kopf hoch!

Dann legte Gott … einen Garten an. (1. Mose 2,8)

Zum Beten

Lieber himmlischer Vater, danke, dass du mich zu einem Gärtner im Geist machst. Hilf mir, Liebe und Güte zu säen und reichen Segen für das Leben meiner Mitmenschen zu ernten. Amen.

Applaus, Applaus!

Sie wissen nicht, was »Wow« heißt? Wow!

Als ich meine ersten Vortragsreisen machte, war Spatula Ministries noch ganz jung. Mein allererster Termin war ein Frauenbankett in einer Stadt, die etwa eine Autostunde von zu Hause entfernt lag, und als die Frauen mich fragten, was so ein Vortrag von mir kostete, bat ich um einmal Volltanken für mein Auto, so geehrt fühlte ich mich, dass sie mich überhaupt eingeladen hatten.

Als ich den Saal betrat, war ich tief beeindruckt. Überall hingen Spachtel von der Decke herunter (»spatula« heißt »Spachtel«), und auf einem großen Transparent stand zu lesen: »BARBARA JOHNSON WOW!« Dito auf den Schildern in der Mitte des Tischschmucks. Die Worte prangten sogar an dem Rednerpult und hingen über dem Podium. Wow, war das ein Ding! Mein allererster Vortrag, und schon so ein Fanclub!

Ich setzte mich, um auf meinen großen Auftritt zu warten. Eine der Frauen ging ans Mikrofon und begann: »Wir, die Frauen von WOW ...« Nanu, war WOW etwa nicht für mich gedacht, sondern der Name dieses Vereins? Ich schaute nervös auf das Programm. Nein, WOW war kein Lob auf Barbara Johnson, sondern schlicht die Abkürzung von »Women of the Word« (»Frauen des Wortes«).

Ich fasste mich und trat ernüchtert auf das Podium. Die Gaben, die ich hatte (wenn ich denn welche hatte), kamen von Gott. Für diese Frauen war ich einfach eine Mutter, die versuchte, es richtig zu machen im Leben. So wie die anderen auch. Ich war so gewöhnlich wie das schlichteste Mütterchen in diesem Saal. Aber auch so außergewöhnlich; denn in Gottes Augen ist jeder von uns WOW! Jede dieser Damen war genauso WOW wie der brillanteste Redner oder Guru im Land. Ich war unter hundert der fantastischsten Frauen gelandet, die ich je getroffen hatte (und habe).

Unter dem Blut Jesu und in Gottes Reich sind wir alle WOW. Als Mitarbeiter Gottes sollen wir einander hoch schätzen und in Liebe anerkennen (1. Thessalonicher 5,12). Was für Charakteroriginale findet man in so einer Frauenversammlung! Welch einer Tiefe, Weisheit und Motivation begegne ich auf meinen Reisen. Wenn Sie das nächste Mal in einer christlichen Veranstaltung sind, sitzen Sie nicht einfach da und warten auf den Beginn des Programms oder der Predigt. Schauen Sie um sich. Links und rechts, vorne und hinten sitzen andere Gläubige mit unglaublichen Gaben und Gefühlen, voll Liebe und Barmherzigkeit. Suchen Sie sich eine oder zwei Frauen aus, die Sie gerne kennen lernen würden, und gehen Sie nach der Veranstaltung auf sie zu: Wer sind sie, was ist ihnen wichtig, wie bringen sie sich ein in der Welt, in ihren Familien, bei ihren Freunden? Umarmen Sie sie, machen Sie ihnen Mut. Sagen Sie »WOW!« zu einer anderen Frau, die sich aus ehrlichem Herzen abmüht, gegen alle Hindernisse, Rückschläge und Missverständnisse.

Wenn man »WOW« auf den Kopf stellt, erhält man »MOM« (»Mutter«). Ich hörte einmal folgende Geschichte über eine Mutter von vier Teenagertöchtern, die etwa die gleiche Größe hatten wie sie: Um zu verhindern, dass ihre eigene Wäsche aus Versehen in den töchterlichen Schubladen landete, begann die Mutter, sie mit dem Wort »MOM« zu markieren. Eines Morgens war ihre Wäschekommode – leer. Sie ging schnurstracks zu den Mädchen: »Habt ihr zufällig Unterwäsche, in der ›MOM‹ steht?« »Nein«, antwortete die eine wie aus der Pistole geschossen, »in meinen Sachen steht überall ›WOW‹!«

Jeder hat seine Geschichten. Nicht jede ist so süß wie diese hier, und viele werden nie aufgeschrieben. Nicht jeder wird gebeten, seine zu erzählen, und manch einer will das auch gar nicht. Aber wir können zu den Verängstigten, den Schüchternen, den Traurigen gehen und ihnen einen Schuss Glauben geben, damit sie ihre Geschichte mutig weiterleben können. Im Leben jeder Frau gibt es etwas, für das sie rauschenden Applaus verdient. Seien wir nicht knauserig damit!

Wenn man den Wissenschaftlern glauben kann, die das Klatschverhalten von Kleinkindern studiert haben, ist der Applaus am Ende einer gelungenen Aufführung womöglich etwas ganz Instinktives. Auf Konferenzen und Tagungen beobachte ich oft, dass die Redner nicht recht wissen, wie sie auf stürmischen Applaus reagieren sollen. Einige heben ihre Hände hoch, als wollten sie die Ehre an Gott weitergeben. Andere verneigen sich wie die nickenden Negerpuppen auf den früheren Missionssammelbüchsen. Ich fragte mich lange, was ich wohl machen würde in solch einer Situation. Bis eine Freundin mir sagte: »Dann gehst du einfach ans Mikrofon und singst: ›He is Lord, He is Lord …‹ Stelle Gott in den Mittelpunkt.«

In den Star-Rollen unseres Lebens – als Mütter, Ehefrauen und Freundinnen – sind wir doch nur kleine Teile in Gottes großem Puzzle. Wir müssen alle zusammenarbeiten, zusammen anbeten, alles geben, was wir haben. Der große Schlussakkord kommt, wenn wir sehen, wie alles sich zu dem großen Ganzen zusammenfügt, jeder ein Licht an seinem Ort, sodass das ganze Reich Gottes leuchtet.
WOW!

Kopf hoch!

Achtet den Bruder oder die Schwester mehr als euch selber.
(Philipper 2,3)

Zum Beten

Danke, Herr, dass du mich zu einem Kanal deiner Liebe machst, dass ich nicht verschrumpeln und vertrocknen muss. Bitte gib, dass die anderen in mir ein Stückchen von deiner Herrlichkeit sehen können. Amen.

Gottes Feuerwerk

Begeisterung ist wie die Grippe – ansteckend.

Seit 18 Jahren trifft sich unsere Selbsthilfegruppe für Eltern Homosexueller jeden Monat in einer Kirche, die direkt gegenüber dem Disneyland-Freizeitpark liegt. Es ist komisch, aber viele der Sorgenkinder dieser Eltern haben dort in Disneyland als diese Disney-Figuren gearbeitet, die als Micky Maus oder Donald Duck verkleidet durchs Gelände gehen, Autogramme geben und sich mit Touristen fotografieren lassen. Letzten Monat sprach unsere Gruppe darüber, und eine neu zu uns gestoßene Frau, die den ganzen Abend still gewesen war, eröffnete uns schließlich, dass sie die Mutter einer solchen Figur in einem anderen Freizeitpark bei Los Angeles war. Sie hatte sich nicht getraut, das zu sagen, bis sie die anderen gehört hatte.

Im Sommer werden wir immer von dem 21.30-Uhr-Feuerwerk unterbrochen. Das geht jetzt seit Jahren so. Just dann, wenn wir die Gebetsrunde beginnen wollen, fängt draußen das Krachen und Böllern und Heulen an. Mir ging das immer auf die Nerven – *jetzt müssen wir schon wieder dieses blöde Feuerwerk über uns ergehen lassen.* Bis eines Abends ein Ehepaar aus Iowa bei uns zu Gast war. Als draußen das Spektakel losging, spitzten sie die Ohren, ihre Augen begannen zu leuchten, sie wurden quicklebendig. »Das ist ja das Feuerwerk!«, riefen sie. »Können wir uns das eben ein paar Minuten anschauen? Mensch, Disneyland vor der Haustür!«

Wir anderen sahen uns stumm an. Wir hatten den Krach immer über uns ergehen lassen, und jetzt waren auf einmal zwei Menschen da, die uns halfen, ihn mit anderen Augen zu sehen. Für sie war das Feuerwerk nicht lästig, sondern lustig!

Es ist alles anders geworden, seit dieses Ehepaar aus Iowa mit seiner kindlichen Freude unter uns saß. Jetzt schauen wir, wenn die ersten Raketen in den Himmel zischen, nicht mehr aufstöhnend auf die Uhr, sondern wir sehen uns an, ein Leuchten in den Augen, und sagen: »Unser Feuerwerk!« Es erinnert uns daran, unsere Probleme nicht so schwer zu

Es hat nicht nur Vorteile, einen Steinwurf von Disneyland aufzuwachsen.

nehmen, daran zu denken, dass in jeder Last eine Chance liegt und dass selbst in dem dunkelsten Himmel Licht ist.

Haben Sie sich schon einmal überlegt, wie Sie das Staunen wieder lernen können?

Versuchen Sie dies: Machen Sie sich eine Liste all der stinknormalen, ja langweiligen Alltagsdinge in Ihrem Leben, die für Sie selbstverständlich sind. Stellen Sie sich als Nächstes einen Obdachlosen vor, der Sie auf einen Tag besucht, in Ihrem Gästezimmer schläft, sich in Ihrem Bad duscht, Ihr Frühstück isst, Sie auf Ihren Gängen begleitet. Was meinen Sie wohl, wie ihm dieser eine Tag in einem richtigen Haus, in einem richtigen Wohnviertel, bei einer richtigen Familie vorkommen wird? Was wird er wohl sagen über die Parade der Seifen und Duschgele und Gesichtswässer in Ihrem Badezimmerschrank? Über die Salben und Pillen und Tropfen im Medizinschrank? Die Betttücher und Federbetten? Die Zentralheizung?

Oder stellen Sie sich vor, Sie sterben, werden aber durch ein Wunder wieder lebendig und dürfen noch eine Woche auf der Erde leben. Was würden Sie sagen? Wen würden Sie besuchen? Wo würden Sie hingehen? Die Experten sagen uns, dass Menschen, die dem Tod knapp entronnen sind, ganz andere Augen für die Welt haben als wir anderen. Für sie ist alles anders, lebendiger.

»Mensch, das Feuerwerk!« Das echte Märchenland, das herrliche Reich Gottes ist uns zum Greifen nahe, egal wo wir wohnen. Wenn die Eltern dieser Disney-Figuren zu uns kommen, danken wir Gott und erinnern uns daran, dass Jesus ihre so begabten Kinder liebt. Wir alle sind ja Figuren aus Gottes großem Geschichtenbuch, jeder mit seinen eigenen Gaben und Besonderheiten. Werden wir lebendig, stecken wir die Menschen, denen wir begegnen, mit Gottes gewaltiger Macht und Liebe an. Lasst das Feuerwerk beginnen!

Kopf hoch!

Sie erkannten ihn … Und sie staunten und waren ganz außer sich … (Apostelgeschichte 3,10)

Zum Beten

Lieber allmächtiger Gott und Vater, du hast genau die richtigen Menschen und die richtigen Umstände in mein Leben hineingegeben. Ich möchte lernen, die Chancen zu sehen in all den scheinbaren Widrigkeiten, aus denen mein Leben besteht. Wie spannend wäre eine Geschichte, in der keine Hindernisse zu überwinden sind? Ich danke dir, dass du mich in Nöte führst und verheißen hast, auch dort bei mir zu sein. Danke für die Charakter- und Glaubensschule, die mir diese Nöte sein werden. Ich möchte sie nicht missen, deine Feuerwerke – vor allem die direkt vor meinem Fenster. Amen.

So wie ich bin

Die meisten von uns werden nie einen Nobelpreis, einen Oscar, ein Bundesverdienstkreuz bekommen. Aber ein Schulterklopfen, einen Kuss auf die Wange, ein »Du schaffst das schon« – das können wir alle kriegen!

Letztes Jahr sah ich eine Fernsehsendung, in der Oprah Winfrey Billy Graham interviewte. Oprah erzählte ihm, wie sie als Kind zu Hause auf dem Linoleum-Fußboden vor dem kleinen Schwarzweiß-Fernseher saß und seine Predigten hörte. Sie sagte den Zuschauern, dass Billy im Laufe seines Lebens vor 20 Millionen Menschen in aller Welt gepredigt hat, nicht mitgezählt die Zahllosen, die seine Evangelisationen in Radio und Fernsehen mitverfolgt haben. Als sie ihn fragte, ob es ihn nervös machte, wenn er vor vielen Menschen sprechen musste, antwortete er: »Nein, große Menschenmengen machen mich nicht nervös, aber vor der Sendung mit Ihnen heute war ich schon etwas nervös.«

Oprahs Show hat täglich 20 Millionen Zuschauer, und sie fühlt sich unter Stars und berühmten Persönlichkeiten wie zu Hause. Aber vor Billy Graham schien sie eine Art Ehrfurcht zu haben. Als das Interview vorbei war, sagte sie den Zuschauern: »Sie erleben das nicht oft in meiner Sendung, aber wir werden jetzt beten.« Und sie bat Billy, ein Schlussgebet zu sprechen. Die Kamera fuhr über das Publikum im Studio; mit geneigten Köpfen und geschlossenen Augen saßen sie da, gerade wie bei den Evangelisationen. Oprah sang die erste Zeile aus dem Lied, das so etwas wie Billy Grahams Erkennungsmelodie geworden ist: »So wie ich bin, ohn alle Zier ...« Sie brachte den Text und die Melodie nicht ganz hin, aber ihre Stimme war voller Gefühl und wollte ihr fast versagen.

Als Billy am Ende der Sendung aufstand, umarmte Oprah ihn nicht, wie das sonst ihre Art mit ihren Gästen ist, sondern ging zu ihm und drückte sich einfach an ihn, und Billy legte seinen Arm um sie und zog sie an seine Schulter. Da stand sie in seiner väterlichen Umarmung, ihr Gesicht zufrieden wie bei einem Kind.

Billy Graham ging nicht fromm auf Abstand zu Oprah, er zögerte nicht, eine Person des öffentlichen Lebens zu umarmen, die nicht so ganz zu den evangelikalen Klischees passt. Sein charmanter Mut ist manchmal wirklich toll.

Ein anderes Mal wurde Billy Graham von Hugh Downs in der Sendung »20/20« interviewt. Das Gespräch kam auf die Homosexualität. Hugh sah Billy fest an und fragte: »Wenn Sie einen homosexuellen Sohn hätten, würden Sie ihn trotzdem lieben?«

Billy antwortete sofort und als sei dies das Natürlichste der Welt: »Ich würde ihn sogar ganz besonders lieben.«

Als ich diesen Satz vor zehntausend Menschen zitierte, standen sie auf und applaudierten. Die schlichte Ehrlichkeit dieses Satzes schneidet voll hindurch durch unsere Kleinlichkeit, unser Herzeleid und unsere Verwirrung vor diesem Thema, das Amerika und seine Kirchen in zwei Lager spaltet. Der Titel von Billys Autobiographie, *So wie ich bin*, sagt eigentlich alles. Sein Leben spricht ebenso beredt zu uns wie sein charmanter, etwas schleppender Südstaaten-Dialekt, für den er so bekannt ist.

Wenn ich mit achtzig meine Autobiographie *So wie ich bin* nennen würde, wie würde ich dann heute leben? Habe ich den Mut, ich selber zu sein? Ich werde nie ein Billy Graham sein, dieser elegante Mann, der mit seiner schlichten Botschaft, die nur aus einem einzigen Punkt besteht, Menschen zu Jesus zieht. Aber ich möchte gerne eine Frau sein, die echt und barmherzig ist und die Menschen in Gottes Arme zieht.

Und das kann jeder von uns. Wir werden vielleicht nie einen Orden bekommen, nie als die bestgekleidete, schönste, beliebteste oder verehrteste Person durch die Medien gehen. Aber jeder von uns hat einen Arm, mit dem er einen anderen festhalten und trösten kann, jeder von uns kann einem Mitmenschen, der in Not ist, einen Platz in seinem Herzen anbieten.

Ein Schulterklopfen, ein einfaches Kompliment, ein Kuss auf die Wange, ein Okay-Zeichen – das können wir alle. Wir können einen Fremden anlächeln, ihm »Guten Tag« sagen, wo er nicht damit rechnet, eine Glückwunschkarte schicken, der kranken Nachbarin Blumen bringen, einer frisch gebackenen Mutter ein Essen machen. Wissen Sie, wie man ein richtig schönes Kompliment macht? Wie Sie Ihrem Teenager in einer Sprache, die er versteht, »Ich mag dich« sagen? Ruhig bleiben, wenn es Ihr gutes Recht wäre, zum Angriff überzugehen?

Ist es für Sie wichtig, mit dem Fremden zu sprechen, der da ganz allein zu unserem Gottesdienst kommt? Einem Obdachlosen ein belegtes Brötchen zu kaufen? Ihre Mutter am Sonntag anzurufen? Wie wäre es, wenn wir mal mit einem kleinen Mädchen einen Blumenstrauß pflücken? Einen Jungen, der keinen Vater hat, zu einem Fußballspiel mitnehmen? Hat Ihnen schon mal jemand gesagt, wie schön Sie aussehen, wenn Sie das Schöne in einem Mitmenschen suchen?

Als Oprah Billy fragte, wofür er am dankbarsten war, machte er ihr ein Kompliment; er sagte: »Am dankbarsten bin ich für die Erlösung in Jesus Christus«, und dann fügte er hinzu: »Und dafür, wie Sie überall im Land den Menschen die Macht der Dankbarkeit zeigen.«

Als sie den seit 54 Jahren mit derselben Frau Verheirateten fragte, was das Geheimnis seiner Liebe war, sagte er: »Dass Ruth und ich so glücklich nicht zueinander passen.«

Wie unerwartet. Wir würden alle besser mit unseren Mitmenschen zurechtkommen, wenn wir es lernen könnten, dankbar zu sein und glücklich nicht zueinander zu passen. Nehmen wir doch die Dinge, die uns trennen, die uns verschieden machen, wo wir verschiedener Meinung sind, und machen wir sie zu Anlässen, einander Komplimente zu machen und füreinander dankbar zu sein. Lernen wir es, groß genug zu sein, um kleiner zu werden als unser Nachbar, unser Ehepartner, die Freunde und die Fremden. Jeden Tag. Nicht kämpfen, sondern lieben.

Kopf hoch!

Bringt euch Gott als lebendiges Opfer dar, ein Opfer völliger Hingabe, an dem er Freude hat. Das ist für euch der »vernunftgemäße« Gottesdienst. (Römer 12,1)

Zum Beten

Allmächtiger Gott und Vater, wie wunderbar hast du uns geschaffen – so verschieden, und doch jeder so kostbar für dich wie dein eigener Augapfel. Hilf mir zu erkennen, dass die Menschen, die du in mein Leben hineinstellst, wertvoll sind. Ich bete für ihre Erlösung und ihr Wohl. Danke, dass du mich dazu erwählt hast, andere Menschen in dein Reich hineinzulieben. Amen.

Kinder, Kinder

Art Linkletter an ein kleines Mädchen:
»Was sollen wir aus der biblischen Geschichte lernen,
wo Jesus auf der Hochzeit Wasser in Wein verwandelt?«

Das kleine Mädchen: »Je mehr Wein man hat,
desto besser die Hochzeit!«

Kürzlich sahen mein Bill und ich eine Fernsehsendung zu Ehren der langjährigen Interviews-mit-Kindern-Serie *Kids Say the Darndest Things* (»Kinder sagen die tollsten Sachen«) von Art Linkletter. Der Moderator war Bill Cosby, und er begann die Sendung mit fünfzehn die Lachmuskeln reizenden Ausschnitten aus Linkletters Show. Nach jedem der Beispiele stellte er einen der Gäste auf der Bühne vor – das gleiche Kind, inzwischen natürlich erwachsen, das Linkletter mit einer dicken Umarmung begrüßte. Wie Linkletter sich freute!

Aber das war erst der Anfang. Gegen Ende der Sendung verkündete Cosby, dass der ganze Saal voller Menschen war, die als Kinder in Linkletters Show aufgetreten waren. An die vierhundert Menschen standen auf, mit ihren eigenen Kindern an der Hand, einige mit ihrer ganzen Familie, und Cosby stellte sie Linkletter vor, der ganz weg war, die Augen feucht vor freudiger Überraschung. Dieser Mann hatte einen Großteil seines Lebens und seiner Gaben darin gesteckt, anderen – vor allem Kindern – Freude zu bringen, und jetzt hatten die Programmmacher quer durch das ganze Land die Kinder aufgespürt, die er interviewt hatte – um *ihm* Freude zu bringen. Was für ein Freuden-Bumerang! Hier war ein Mann, der uns die Welt durch Kinderaugen gezeigt hatte, und jetzt zogen die längst groß gewordenen Kinder über die Bühne, um ihn fröhlich lächelnd und mit dicken Umarmungen zu begrüßen.

Kinder sind Menschen, die sich nicht entmutigen lassen. Sie fangen einen Sonnenstrahl und halten ihn fest. Sie verstehen es perfekt, das Leben bei den Hörnern zu packen. Kinder wissen, dass ein fröhliches Lachen und langes Schlafen die beste

Medizin sind und dass man sich nie einen Couchtisch kaufen sollte, auf den man nicht seine Füße legen kann.

Wenn Eltern ihre Kinder fragen würden, wie sie sie besser erziehen können, sie würden antworten: »Gebt halb so viel Geld und doppelt so viel Zeit für uns aus!« Oder: »Kitzelt uns öfter, albert mit uns, spielt mit uns, dann könnt ihr uns alles beibringen, was ihr wollt.« Oder: »Wir hören alles, was ihr *nicht* sagt. Wir beobachten alles, was ihr tut.«

Ich hörte einmal von einem kleinen Mädchen, das durch eine Chemotherapie seine Haare verlor. Als es aus dem Krankenhaus nach Hause kam, hatten seine Eltern sich zur Feier des Tages den Kopf kahl geschoren. Ein anderes Mal kam ein Junge, der ebenfalls in einer Chemotherapie sein Haar verloren hatte, zum ersten Mal wieder in die Schule. Alle seine Kameraden hatten sich zur Begrüßung kahl geschoren. So etwas spricht Bände zu einem Kind. Harte Lektionen und große Opfer sagen deutlicher »Ich liebe dich« als alle Spielzeuge und Eistüten und Ausflüge der Welt.

Clint Kellys Buch *How to Win Grins and Influence Little People* (deutsch etwa: »Wie man sein Kind erobert«) ist voll von tollen Ideen. Hier eine Auswahl:

- Nehmen Sie Ihr Kind fest in den Arm und sagen Sie: »Du bist ein Superschatz!«
- Bitten Sie Ihr Kind, Ihnen etwas vorzulachen, und dann sagen Sie: »Das mag ich, da möchte ich am liebsten mitlachen.«
- Kleben Sie einen Zettel an den Badezimmerspiegel: »Guten Morgen, Petra, du lächelst echt toll!«
- Nehmen Sie das Lachen Ihres Kindes auf Kassette auf und spielen sie es ihm hin und wieder vor. Sagen Sie: »Das ist Musik für mich!«
- Sagen Sie: »Mit dir spiele ich am liebsten. Komm, fangen wir an!«

Als Mutter/Vater kennen Sie die Schutzlosigkeit Ihres Kindes. Sie könnten sie leicht gegen es ausspielen – aber genau dies tun Sie nicht, sondern Sie finden Mittel und Wege, seine Schwäche und kindliche Unschuld in Ehren zu halten. Jeden Tag, den es unter Ihrem Dach wohnt, hissen Sie die Fahne der Freude auf der Burg seines Lebens. Sie begeben sich auf seine

Ebene und sehen zu, dass Sie genauso viel Spaß haben wie es selber.

Nichts ist so kostbar wie das Lachen, das man mit einem Kind teilt. Es ist wie eine silberne Glocke, manchmal auch wie ein Nebelhorn. Wenn Ihre Kinder Sie nicht zum Lachen bringen, verpassen Sie eine der größten Goldgruben, die es gibt. Vielleicht müssen Sie einmal Ihren Kragen öffnen und die Schuhe ausziehen – alles ablegen, das steif und unbequem und hinderlich ist. Mütter, zieht eure Schleifen und Spangen heraus und macht euch strubbelig! Riskiert einen abgebrochenen Fingernagel!

Warum versuchen wir es nicht einmal mit den folgenden Tipps, um wieder ein Kind zu werden?

- Gehen Sie in einen Park und füttern Sie die Enten.
- Nehmen Sie ein paar Spielzeuge mit in die Badewanne.
- Belohnen Sie sich für gute Arbeit mit einem Stern aus Goldpapier.
- Nehmen Sie an Regentagen einen knallgelben Regenschirm mit.
- Trinken Sie heiße Schokolade mit Sahne.
- Beten Sie so von Herzen wie ein Kind.
- Lachen und kichern Sie oft.

Die Zeit mit meinen Söhnen verging viel zu schnell. Ehe ich es mich versah, waren zwei von ihnen aus dem Haus. Keine Puddingschlachten in der Küche mehr, kein Tränenlachen über einen gelungenen Streich. Martin Luther hat einmal gesagt: »Wenn im Himmel nicht gelacht wird, möchte ich nicht hinein.« Ich freue mich auf eine Ewigkeit des herzlichen Lachens mit meinen Jungen, dort hinter den Perlentoren. Ich hoffe, die beiden, die dort schon auf mich warten, hecken gerade die nächsten verrückten Sachen aus.

Bewahren Sie sich ein fröhliches Herz. Wenn es durch dunkle Tunnel geht, durch Geldsorgen, Stress im Büro, knappe Termine, bittere Ehegefechte, ist es nur umso wichtiger, dass Sie für Ihre Kinder da sind – nicht nur weil die Kinder Sie brauchen, sondern weil Sie Ihre Kinder brauchen! Ziehen Sie sich nicht zurück, weil Ihnen so traurig zumute ist. Gerade jetzt brauchen Sie die ansteckende Hoffnung und Fröhlichkeit Ihrer Kinder.

»Ich hab immer die Krise gekriegt, wenn die Kinder was verschmierten, bis ich die Idee mit der Ausstellung gekriegt hab.«

Wussten Sie schon, dass die Wissenschaft herausgefunden hat, dass schon das bloße Hochziehen der Mundwinkel (anstatt sie traurig sinken zu lassen) das Wohlbefinden fördert? Egal wie »down« und fertig Sie sich fühlen, versuchen Sie, sich in jedem Spiegel, der Ihnen in den Weg kommt, anzulächeln, von morgens früh bis abends spät. Spreizen Sie Ihre hübschen Lippen, falten Sie sie zum Himmel hoch. Wer lächelt, fühlt sich schneller wieder besser. (Wie sagte Ihre Oma noch: »Stell dir vor, du müsstest dauernd die Stirne runzeln ...«)

Und vergessen Sie nicht: Kinder brauchen Geschichten, aber sie brauchen noch mehr *Fragen.* Stellen Sie Ihnen Quiz-Fragen. Finden Sie heraus, was Ihr Kind so denkt und fühlt, egal ob Sie die Antwort »richtig« finden. Fragen Sie es, was es erfinden würde, wenn es das nötige Kleingeld dazu hätte. Oder was seine wildesten Träume sind. Oder was es wohl wäre, wenn es eine Farbe wäre oder ein Tier im Urwald oder ein Artist in einem Zirkus. Oder wo es hingehen würde, wenn es ein großer Abenteurer wäre.

Es braucht kein großes Drumherum für die kleinen Sternstunden zwischen Mutter/Vater und Kind. Kitzeln Sie ihm den Bauch, wenn Sie es zu Bett bringen. Küssen Sie seine Zehen oder die Fingerspitzen. Fragen Sie es, was sein größter Wunsch ist, wenn Sie die Spaghettisoße rühren oder ein Butterbrotpaket packen. Sie finden seine empfindlichen Stellen leichter, wenn es sich gerade sehr freut oder sehr traurig ist. Klopfen Sie in den Stunden an seine innere Tür, in denen es nicht damit beschäftigt ist, sich Ihnen und anderen zu beweisen.

Mit jedem Augenblick, wo ihr Kind erlebt, wie Sie fröhlich sind und emotional in es investieren, knüpfen Sie ein unsichtbares Band zu ihm. Und wenn das Band sich lösen will, dann verknoten Sie sein Ende und halten Sie es fest! Kinder sind immer für eine Überraschung gut, und das ist gut so; so bringt unsere Freude Zinsen.

Bleiben Sie am Ball. Geben Sie nicht auf. Von den zwölf Umarmungen pro Tag – das ist das Minimum – brauchen keine zwei gleich zu sein. Zeigen Sie den lieben Kleinen, für wie clever, schlau, pfiffig Sie sie halten. Und für wie lustig. Wenn sie gerade nicht zum Reden aufgelegt sind, legen Sie hin und wieder Ihren Kopf in ihren Schoß und hören Sie ihrem Bauch zu oder ihrem Herzschlag. Wenn Sie ganz still sind, hören Sie vielleicht, was sie denken. Kinder sagen die tollsten Sachen, mit und ohne Worte.

Wenn Sie morgen im Gedächtnis Ihrer Kinder sein wollen, dann müssen Sie heute in ihrem Leben sein!

Kopf hoch!

Und wer ein solches Kind aufnimmt in meinem Namen, der nimmt mich auf. (Matthäus 18,5, Luther)

Zum Beten

Lieber Herr, was für einen Schatz hast du uns mit den Kindern gegeben! Alle Achtung vor deiner Kreativität, deinem Sinn für Humor, deiner Liebe für das Leben und für Menschen wie mich! Danke für die Kinder, die du in mein Leben geschickt hast. Ich verspreche dir, die kleinsten, unscheinbarsten so aufzunehmen, wie ich dich aufnehmen würde, wenn du zu Besuch kämst. Ich liebe dich, Herr; gib, dass ich diese Kleinen genauso lieben und von ihnen lernen kann. Amen.

»Margret? Das Essen heute Abend muss leider ausfallen. Georg hat eine saumäßige Grippe gekriegt.«

Selten so gegrinst

Mädchen mit Schweineherztransplantation
wühlt dauernd im Dreck.
(Schlagzeile in der Weekly World News)

Ich entdeckte diese Schlagzeile, als ich in der Schlange vor der Supermarktkasse stand. Was für ein Job, bei dieser Zeitung zu arbeiten und eine verrückte Schlagzeile nach der anderen zu erfinden! Sie müssen zum Sichkugeln sein, die Redaktionssitzungen. Fragt sich nur, wer so ein Blatt kauft?

»Nichts Erdichtetes ist so merkwürdig wie die Wahrheit«, sagen die einen. Die anderen kontern, dass die Wahrheit nicht merkwürdiger ist, nur seltener. Sicher ist eines: Wenn wir nur die Wahrheit sagen, brauchen wir nicht so ein großes Gedächtnis! Mal ganz im Ernst: Denken Sie an all die verrückten Sachen, die Ihnen schon in Ihrem Leben passiert sind. Oder Ihren Bekannten. Wenn Sie schwere Wegstrecken hinter sich haben wie ich, versuchen Sie, Ihre eigenen Schlagzeilen daraus zu machen. Zum Beispiel: »Tochter liebt grünes Männchen – Mutter kriegt Glatze.« Fangen Sie an, amüsieren Sie sich.

Haben Sie sich schon einmal überlegt, woran man es merkt, dass man ohne seine Freundin nicht mehr leben kann? Wenn man stirbt, läuft vor dem inneren Auge *ihr* Leben ab.

Geben Sie dem Gestern nie zu viel Raum im Heute. Wenn es sich anpirschen will, dann drehen Sie den Spieß einfach um. Machen Sie es mit den Sorgen wie mit den Bankzinsen: Lassen Sie sie für Sie arbeiten – und nicht gegen Sie. Man braucht nicht immer einen Komiker, um lachen zu können. Legen Sie sich Ihr eigenes Repertoire witziger Bemerkungen an; es ist gar nicht schwer, sobald man einmal angefangen hat. Wenn jemand sagt: »Das Leben ist hart«, dann antworten Sie: »Aber doch immer noch schöner als ein weicher Tod.« Wenn jemand über das Älterwerden jammert, sagen Sie: »Also, ich bin dankbar, dass Runzeln nicht wehtun!«

Das Leben ist zu kurz, um sich zu Tode zu ärgern oder zu langweilen. So hat Gott sich das nie gedacht. Mag sein, dass

Langeweile und stumpfe Lustlosigkeit auf keiner der Sündenlisten der Bibel vorkommen, aber wenn Sie sie lassen, werden Sie Ihnen Ihre Freude nehmen.

Glauben Sie nicht die Lüge des Teufels, dass Sie Ihr Leben lang eine bittere Pille nach der anderen schlucken müssen. Wehren Sie sich! Entwickeln und genießen Sie den göttlichen Sinn für Humor, den Gott Ihnen ins Herz geschenkt hat.

Probleme? Suchen Sie ihre lächerliche Seite. Sie wohnen in einer Kleinstadt, wo jeder alles über jeden weiß? Sehen Sie es doch so: Selbst wenn Sie nicht wissen, was Sie tun, irgendjemand weiß es. Ihre Teenager sind nie zu Hause? Schmücken Sie das Wohnzimmer, und dann lassen Sie die Luft aus ihren Reifen. Das Leben ist zu schnell für Sie? Sie sind über den Berg, sobald Sie jeden Tag Ihren Mittagsschlaf machen.

Es gibt Leute, die verlieren ihre Schönheit nie. Sie wandert einfach aus ihrem Gesicht in ihr Herz. Nach Meinung der Psychologen ist der Mensch mit 50 am glücklichsten – vielleicht, weil er dann endlich akzeptieren gelernt hat, dass das Leben verrückt ist und dass es halt so kommt, wie es kommt. Gott hat tausend Arten, uns zu kneifen. Mit 50 sind wir überzeugt, dass die zweite Hälfte unseres Lebens nur besser werden kann als die erste, weil wir uns so mögen, wie wir sind. Jetzt, wo die ersten Baby-Boomer 50 werden, muss die Welt doch besser werden. Holt die Korkenzieher!

Egal wie alt Sie sind, wenn Sie zu Jesus Christus gehören, bekommen Sie eine Herztransplantation. Das neue Herz lässt uns ausgelassen fröhlich und dankbar sein. Statt kurzlebiger Werte bekommen wir ewige. Gott vergibt unsere Sünden und heilt unsere Vergangenheit. Vergällen Sie sich als neues Geschöpf in Christus ihre Gegenwart nicht damit, dass Sie sich ständig Ihre vergangenen Fehler vorhalten. Gottes Radiergummi ist sanft, aber gründlich. Manchmal braucht er lange, aber er radiert spurlos und ohne das Papier zu zerreißen.

Unsere Wiedergeburt führt uns an Orte, die wir uns im Traum nicht vorstellen konnten. Sie lässt uns Dinge schaffen, die wir nie für möglich hielten: im Leiden fröhlich sein, in Not geduldig, unsere Feinde lieben und denen, die uns Böses wollen, Gutes tun.

Wir werden den neuen Himmel und die neue Erde ererben. Wenn wir jetzt schon all das sehen könnten, was Gott für uns vorbereitet hat, wir wären außer uns vor Vorfreude, unser

Gesicht würde in einem fort strahlen, unser Herz pausenlos singen. Wir würden uns nicht mehr ins Bockshorn jagen lassen vom Leiden, unser Leben wäre spannend statt flach.

In Christus sein – das ist alles andere, nur nicht langweilig. Warten Sie nur, wie Gott Sie immer echter macht – all die falschen Krusten fortreibt, Ihnen neue Augen, neue Wünsche gibt, Sie wunderbar zu dem macht, wozu er Sie geschaffen hat. Er macht Sie zu einem Königskind, zu einem Mitarbeiter in seinem Reich.

Öffnen Sie sich weit für Gottes Wirken an Ihnen. Seien Sie tapfer und immer tapferer. Wehren Sie sich nicht gegen seine Meisterhand. Er lässt alle Dinge zum Besten dienen – nicht nur für Sie und Ihre Lieben, sondern auch für Menschen, die Sie noch nie gesehen haben und vielleicht erst im Himmel kennen lernen werden.

Also los: Stellen Sie sich die Schlagzeilen vor, die Ihr Leben in der Himmelszeitung machen kann. Stellen Sie sich vor, wie Ihr Name in den hellsten Farben auf dem Begrüßungsschild des Paradieses prangt. Und dann leben Sie Ihr Leben, volle Kraft voraus! Lassen Sie sich von Gott an die Hand nehmen und warten Sie ab, wohin er Sie bringt!

Kopf hoch!

Von allen Seiten umgibst du mich und hältst deine Hand über mir. Diese Erkenntnis ist mir zu wunderbar und zu hoch, ich kann sie nicht begreifen. (Psalm 139,5-6, Luther)

Zum Beten

Himmlischer Vater, du weißt alles über mich. Alles, was ich denke. Jede Einzelheit meines Tages. Du bist dabei, mich zu ändern, zu lieben, zu führen. Egal wie langweilig mein Leben ist, ich bin dabei. Ich bleibe bei dir, komme, was will. Amen.

EINMAL MUTTER, IMMER MUTTER

Kinder sind wie Schwämme: Sie saugen all unsere Kraft auf – aber wenn wir sie drücken, kommt alles zurück!

Jeder Tag ist ein fröhlicher Muttertag für die Kinder von Müttern, die schön elastisch und belastbar sind. Wer sonst als eine Mutter schlägt sich mit quengeligen Säuglingen oder launischen Teenagern herum, ohne etwas dafür zu bekommen? Wer sonst macht sich an seinem eigenen Geburtstag selber das Frühstück? Wer füllt neue Toilettenpapierrollen nach und wird nicht müde zu fragen: »Hast du abgezogen?« Wer liegt samstagabends wach, bis das letzte Küken endlich zurück ins Nest kommt? Wer nimmt sie alle unter seine Fittiche und legt sie Gott hin?

Eines Tages schüttete eine Mutter, deren Tochter auf Abwegen war, ihr Herz einer Freundin aus. »Wenn das meine Tochter wäre«, sagte die Freundin, »ich würde sie glatt rausschmeißen.«

Die Mutter dachte einen Augenblick nach, dann sagte sie: »Ja, wenn's deine Tochter wäre, täte ich das auch. Aber sie ist nun mal meine, da kann ich das nicht.« So sind Mütter.

Ganz so, wie es in den sentimentalen Geschichten steht, sind wir Mütter natürlich nicht. Auch wir haben unsere schlechten Tage. (Woran erkennt man so einen Tag? Wenn man die Schmutzwäsche sanft ins Bett legt und die Kinder in den Wäschekorb stopft.) Tatsache ist: Wenn eine Mutter endlich alles gelernt hat, was sie zum Muttersein braucht, ist sie längst arbeitslos geworden. Aber keine Angst: Auf die Mutter folgt alsbald die Oma, die stets ein Fotoalbum von ihren Lieben bei sich hat.

Seien Sie froh über Ihr großes Mutterherz. Wer Kinder liebt, lernt nicht nur etwas über Kinder, sondern alles über Krisenmanagement. Wir lernen, mit dem einen Arm schwere Lasten zu tragen, während wir mit dem anderen jemanden umarmen. Schon bald ist es kein Problem mehr, die zweite Meile zu gehen, geht es einem in Fleisch und Blut über, hinzubiegen, was andere verbockt haben. Mal ehrlich: Was kann einen noch

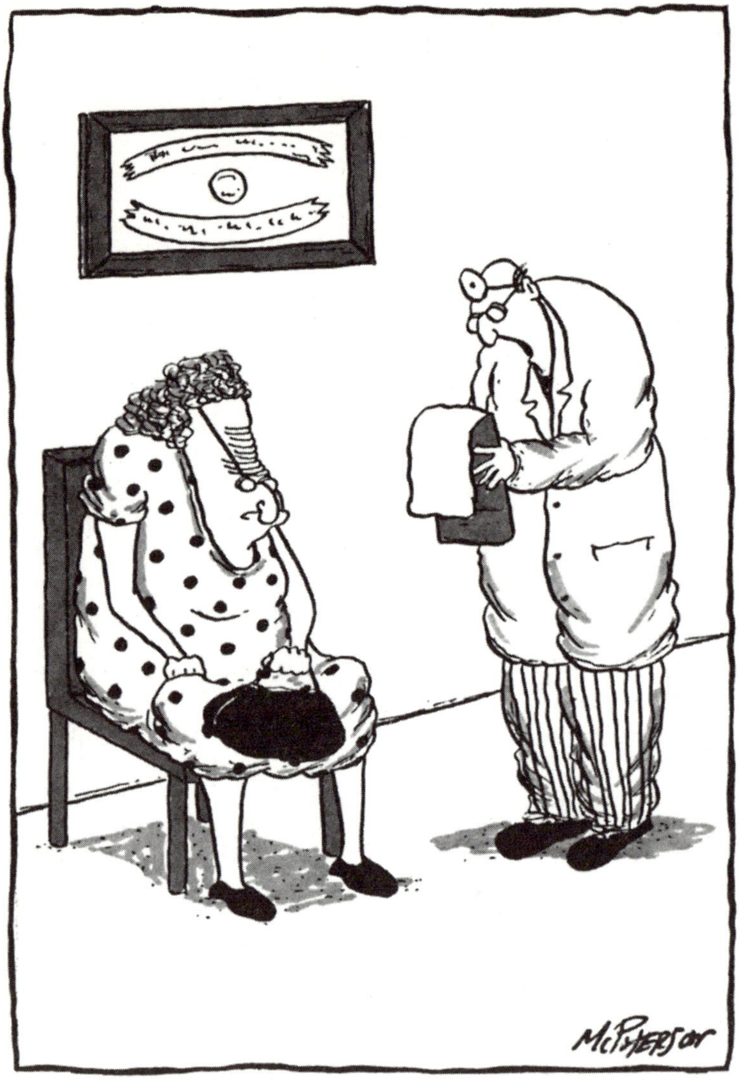

»Kopf hoch, Frau Müller! Ein Schwiegersohn ist keine Krankheit!«

erschüttern, wenn man zwei oder drei Kinder aufgezogen hat? (Und dann war da noch die Mutter, die sagte: »Ich verschenke gerne selbst gemachte Sachen; welches von meinen Kindern hätten Sie gerne?«)

In Büchern, Bildern und Geschichten erscheint die Mutter als die Zauberkünstlerin, die mühelos durch Dick und Dünn gleitet. Aber das ist nur scheinbar. In Wirklichkeit hat das Leben uns durch die Mangel gezogen.

- Wir klammern uns so an jeden Fetzen Hoffnung, dass unsere Finger eine dicke Hornhaut haben.
- Wir verstehen es, aus jedem Gestrüpp herauszukommen, weil unsere Kinder uns in so viele hineinziehen.
- Wir wissen, wie man ein verwundetes Herz verbindet, weil unser eigenes schon mehrmals gebrochen war.
- Wir wissen, dass die wahre Kunst der Kindererziehung nicht nur darin besteht, zur rechten Zeit das Richtige zu sagen, sondern auch das Falsche, das uns gerade so verführerisch auf der Zunge liegt, ungesagt zu lassen.

Nein, die Mütter werden nicht deswegen so in Kunst und Literatur verewigt, weil wir solche Supermenschen und Engel wären. Tatsache ist: Wir sind öfter zu Boden gegangen, als wir zählen können, aber wir sind nicht liegen geblieben. Unsere Liebe ist fest und zart zugleich – sonst wären wir nicht mehr da. Die Dichter besingen uns gerade deswegen, weil unser Job so schwer ist. Und das macht ihn so erfüllend.

Ein weiser Mann hat einmal gesagt, dass Mütter wie Mose sind: »Sie kommen nie selber in das Verheißene Land. Sie führen andere in eine Welt, die sie selbst nie sehen werden.« Seien wir ehrlich: Wir können unsere Kinder bis zu den Grenzen des Gelobten Landes bringen, aber hineingehen und es besiedeln müssen sie selber. Sich um sie zu sorgen ist wie in einem Schaukelstuhl sitzen – man hat etwas zu tun, aber vorwärts kommt man nicht. Wir haben nur wenige Jahre, um den Charakter unserer Kinder zu formen, aber diese Jahre zählen. All die kleinen Augenblicke des Alltags, sie prägen den Weg unserer Kinder. *Unsere* Liebkosungen werden zu ihrer Art, mit ihren Mitmenschen umzugehen, *unser* Gesicht zum Spiegel, der ihr eigenes reflektiert, *unsere* Arme zum Anker, der sie in ihren Stürmen festhält. Lassen wir den kleinen Jungen ruhig, der das Vaterunser so betete: »Und vergib uns unsere Schuld, wie wir es geben unseren Schuldigern.« Freuen wir uns an unseren Kindern und lehren wir sie, solange sie noch auf unserer Seite sind!

Henry Ward Beecher schrieb: »Als Gott an die Mütter dachte, muss er gelacht haben . . .« Und wir lachen am besten auch, wenn wir nicht wissen, wo uns der Kopf steht im Strudel des Alltags. Lachen wir über den Ketschup an den Wänden und die Macken an den Möbeln, über Bälle, die in Fensterscheiben fliegen, über Baseballmützen und die Schleuderbahn der Pubertät. Und nicht zuletzt über uns selber. Hören Sie nicht auf mit dem Lachen. Und mit dem Freudentanz.

Auch wenn wir selber keine Ergebnisse sehen – wir wissen nie, was Gott noch aus unseren Gebeten und all unserem Mühen machen wird. Leben Sie das Muttersein voll aus. Seien Sie großzügig mit Küssen und mit Korrekturen. Halten Sie die Fahne des Glaubens und den ermahnenden Finger hoch, öffnen Sie weit Ihre Arme für den Jungen mit dem blutigen Knie. Heben Sie ein Kinn hoch, halten Sie eine Hand, kitzeln Sie einen Fuß. Vergessen Sie das Feiern und das Danken nicht. Sie sind eine Mutter – freuen Sie sich!

Kopf hoch!

Seine Mutter aber bewahrte das alles in ihrem Herzen. Jesus nahm weiter zu an Jahren wie an Verständnis, und Gott und die Menschen hatten ihre Freude an ihm. (Lukas 2,51-52)

Zum Beten

Lieber Gott, du weißt, wie leicht ich mich von meinen Kindern im Stich gelassen fühle, und manchmal lasse ich sie selber im Stich. Aber sie sind solch ein Schatz. Ich bitte dich: Dein Wille geschehe in ihrem Leben, wie viel ich und sie auch versagen mögen. Ich möchte, dass sie dich lieben. Bitte halte du sie ganz fest. (Und mich auch, Herr.) Amen.

»Das ist uns gerade vor die Füße gerollt. Ist das was Wichtiges?«

Mach du es, Herr!

»Mach du es, Herr« – das lernt man unter anderem dadurch, dass man akzeptiert: Ich bin nicht Gott.

Ich saß im Flugzeug von Minneapolis nach Kalifornien, als der Pilot plötzlich verkündete, dass wir zum Abflughafen umkehren mussten. Allgemeines Gestöhne, denn wir waren schon drei Stunden unterwegs. Der Pilot erklärte, dass das Flugzeug nicht genug Höhe gewinnen konnte, um über die Rocky Mountains bei Denver zu fliegen. Das hatte es noch nie gegeben. Aber Stöhnen oder nicht, wir machten kehrt, zurück nach Minneapolis.

Dort angekommen, rief ich sofort meine Schwester an, die mich erst vor ein paar Stunden zum Flughafen gefahren hatte. Sie fragte: »Wo bist du?«

»Wieder in Minneapolis!«

»Warum bist du denn nicht in Kalifornien? Was ist passiert?«

Es dauerte nicht lange, bis die Mechaniker das Problem fanden. Einer von ihnen hatte einen Vakuumschlauch in der Tür vergessen, sodass die Tür nicht dicht genug schloss, um den für das Überfliegen der Rocky Mountains nötigen Druckausgleich herzustellen.

Ein einfaches Versehen eines Mechanikers hatte es dem Flugzeug unmöglich gemacht, genügend zu steigen, sodass über hundert Passagiere umkehren mussten. Erstaunlich, was uns alles am Boden festhalten kann, nicht wahr?

Wie im richtigen Leben, dachte ich und versuchte tapfer, nicht loszulachen. Ich musste an die hundert Dinge denken, die mich daran hindern, im Reich Gottes zu fliegen. Was nimmt mir die Kraft des Heiligen Geistes? Was für Vakuumschläuche fressen meine Energie? Hier ist meine Liste (Sie können gerne Ihre eigene aufstellen):

Zielloses Leben
Geiziges Lieben
Das Beten vergessen
Nicht Ernst machen mit meinem Gottvertrauen
Stehen bleiben, anstatt noch einen Schritt zu tun

Ich weiß nicht, wie es mit Ihnen ist – aber ich möchte mehr tun, als nur gerade überleben. Mir reicht es nicht, ein paar Trockenübungen mit meinen Flügeln zu machen, bevor ich unter die Erde komme. Ich will wie der Adler hochsteigen und über Felsen gleiten, in den höchsten Bäumen nisten, in den tiefsten Bergseen nach Nahrung suchen, auf den Flügeln des Windes fliegen. Ich will ganz oben leben, wo der Allmächtige wohnt. Ich will Neues ausprobieren, will über die Hindernisse, die hinten am Horizont auftauchen, hinwegfliegen.

Es gibt Herausforderungen in meinem Leben. Ich habe ein Leiden, das viel Disziplin erfordert. Ich bin eine Ehefrau und Mutter, Schwiegermutter und Großmutter. Ich reise viel. Ich muss Termine bei meinem Verleger einhalten. Ich bin eine Jungseniorin in ihren Sechzigern, in solcher Gesellschaft wie Shirley Temple und Minnie Maus! Mein Leben ist voller Action. Oft brauche ich viel Weisheit, wo ich Ja und wo ich Nein sagen soll.

Heraus mit der Sprache: Was ist Ihr persönlicher Vakuumschlauch, der Sie daran hindert, Höhe zu gewinnen? Forschen Sie nach. Was können Sie ändern? Bitten Sie Gott um sein Licht. Lassen Sie Ihre Sorgen los. Befolgen Sie, was die Bibel Ihnen sagt. Bleiben Sie in Verbindung mit dem Piloten und mit der Bodenmannschaft. Vielleicht müssen Sie ein Stück weit umkehren, damit es richtig wird. Aber alles ist besser als ein Absturz.

Leben Sie jeden Tag so, dass Sie Ihre ganz persönliche Aufgabe erfüllen. Durch was für eine Lebensphase gehen Sie gerade? Verlust oder Segen? Hektik oder Winterschlaf? Blüte oder stilles Vor-sich-hin-Wachsen? Wie Gott Sie auch führt, er hat einen Grund dafür. Sie halten es vielleicht für eine lästige Umleitung, aber Gott weiß, wie Sie Ihr Ziel auf dem besten Weg erreichen.

Machen Sie sich fertig zum Start. Steigen Sie auf, fliegen Sie, hoch und immer höher. Tun Sie, was nötig ist, um die Schläuche fortzuräumen, die Ihre Energie absaugen und Sie zum Umkehren zwingen. Und wenn Sie einmal umkehren müssen, dann tun Sie es ohne Murren und mit Dankbarkeit für Ihre Mitpassagiere, und dann fliegen Sie wieder los. Geben Sie nicht auf, nehmen Sie nicht den Bus. Fliegen ist besser. Was immer auch geschieht, Sie sind nicht allein dort oben, denn unter Ihnen sind Gottes ewige Arme (5. Mose 33,27).

Kopf hoch!

Lobe den Herrn, meine Seele, und vergiss nicht, was er dir Gutes getan hat: der … vergibt … heilt … erlöst … krönt … fröhlich macht, und du wieder jung wirst wie ein Adler. (Psalm 103,2-5, Luther)

Zum Beten

Mein himmlischer Vater, ich möchte die Jahre, die du mir gegeben hast, nutzen, um in deinem Reich zu fliegen. Ich will heute so leben, als ob dies der einzige Tag ist, den ich für dich leben kann. Segne du andere Menschen durch mein Leben. Amen.

»Ach, das. Herbert vergisst so oft, wo er seine Sachen hinlegt, dass er vorsichtshalber alles, was er macht, auf Video aufnimmt.«

Mehr lieben, weniger bereuen

Mal nehme ich mir etwas vor, mal kann ich es nicht behalten, mal macht mein Kopf ganz, was er will.

Irgendwo las ich, dass man in den mittleren Jahren eigentlich nur sehr wenige Gehirnzellen verliert. Aber warum vergesse ich dann dauernd, wo ich die Liste mit all den Sachen hingelegt habe, die ich glatt vergesse, wenn ich sie mir nicht aufschreibe? Ich bin sehr nostalgisch veranlagt, aber wie kann man nostalgisch sein, wenn man alles vergisst? Aber wenigstens ist mein Gedächtnisschwund gut gegen Schuld- und Reuegefühle. Ich kann weiterleben, nach vorne sehen, offen sein für die Antworten von heute auf die Probleme von heute.

Manche Menschen fahren sich in ihren Erinnerungen fest. Ich lasse mich nicht von meinen Fehlern fertig machen. Was ist denn, wenn ich auf den Mond gezielt und vorbeigeschossen habe? Ich habe eine Reise zu den Sternen gemacht. Und wenn ich mehr abgebissen habe, als ich kauen kann, habe ich eben ein paar Weisheitszähne dazugekriegt. Mag sein, dass ich etwas langsamer mache als früher, aber zur Ruhe setzen tue ich mich noch lange nicht. Ich höre auf meine alte Grundschullehrerin und gebe nicht auf. Und wenn es dann auf einmal klappt, versuche ich, mich nicht zu sehr zu wundern.

Wie wird Gott Ihr Leben benutzen in diesem Jahr? In diesem Monat? Heute? Kann ich heute einem Mitmenschen das Leben leichter machen? Kann ich einem alten Menschen ein Stück Sonnenschein bringen? Das Vertrauen eines Teenagers gewinnen? An die Tür einer einsamen alten Mutter klopfen? Einem Siebenjährigen eine Limonade spendieren? Die Möglichkeiten sind endlos. Gott möchte, dass wir unsere grauen Zellen benutzen und uns überlegen, wo wir das Leben schöner machen können – dass wir herausfinden, wo er gerade arbeitet, und mitmachen.

Der Sonnenschein, den wir anderen bringen, wärmt auch uns selber. Das Glückwasser, das wir ausschütten, macht auch uns nass. Hoffnung eröffnet neue Möglichkeiten und zeigt uns, was wir tun können. Sie ringt mit Engeln, schaut dem

Unmöglichen in die Augen und zwinkert: »Es geht doch!« Hoffnung hört nicht auf; sie dauert länger als alle guten Vorsätze.

Das positive Denken, es hat seine Grenzen, und wenn sie erreicht sind, dann wechseln wir einfach die Bahn und laufen weiter mit Gottes Gnade. Er heißt *Immanuel* – Gott mit uns. Trauen wir es ihm zu, dass er noch etwas Großes vorhat mit unseren Lieben. Bringen wir sie vor seinen Thron, rechnen wir mit seiner Antwort in ihrem Leben. Schauen wir nicht besorgt darauf, ob *wir* einen Weg heraus aus den Problemen sehen. Beten wir, und dann warten wir ab. Und dann beten wir wieder.

Nehmen Sie sich heute vor, weniger Angst zu haben als gestern. Mehr zu lieben als letzte Woche. Weniger zu bereuen als letztes Jahr. Voranzugehen mit guten Taten. Zu vergessen, was hinten liegt. Tun Sie all das Gute, das Sie können, mit aller Kraft, so lange es geht. Sie schaffen es!

Kopf hoch!

Gott kann unendlich viel mehr an uns tun, als wir jemals von ihm erbitten oder uns ausdenken können. So mächtig ist die Kraft, mit der er in uns wirkt. Ihm gehört die Ehre ... (Epheser 3,20-21)

Zum Beten

Lieber Herr, du bist das große Gehirn hinter dem Universum. Du bewegst und lenkst alles nach deinem Plan. Bitte vergib mir, wenn ich mich mit Sorgen zerquäle. Hilf mir, Schritte voran zu machen und dabei anderen zu helfen und deinen Willen zu tun. Amen.

Das Bumerang-Prinzip

Alle wollen in den Himmel –
aber immer erst später.

Wollen wir das nicht alle – lange und glücklich leben? So viele Jahre wie möglich wollen wir atmen, lachen und arbeiten, Gott dienen und beten, dass sein Reich kommen möge. Und natürlich wollen wir so viele angenehme Erinnerungen wie möglich sammeln, je eher, desto besser. Die jungen Leute, voller Power, wollen ihre Lebensziele erreichen, bevor Jesus wiederkommt. Die Mittelalten wollen ihren Weg fertig gehen und ihren Frieden mit schwierigen Menschen und Dingen machen. Und die Alten möchten so gerne, dass der Kreis sich rundet, bevor sie sterben: Sie möchten erleben, wie ihre Enkel groß werden, einen Beruf ergreifen und heiraten, vielleicht noch die ersten Urenkel auf den Knien halten.

Eigentlich halten wir uns nie für alt. Die Psychologen versichern uns, dass die meisten Senioren sich innen drin wie 32-Jährige fühlen. Unser Körper mag uns im Stich lassen, unser Geist wird mit den Jahren oft schärfer und tatkräftiger, und wenn dann unser letztes Stündlein kommt, ist sooo viel unerledigt geblieben ...

Dass wir nicht alles schaffen werden – damit müssen wir uns abfinden. Eine gute Hilfe ist hier, dass man an die Dinge denkt, die man schaffen *kann.* Welche zwanzig Ziele würden Sie gerne erreichen, bevor Sie diesen Planeten verlassen? Wenn Sie ein Leben vor dem Tod haben wollen, sollten Sie für genügend angenehme Erinnerungen sorgen.

Jedes gelungene Leben ist eine Mischung aus Pflicht und Freude. Wir alle müssen manchmal Dinge tun, die wir lieber nicht täten. Der Satz: »Folge der Stimme deines Herzens« ist nicht immer richtig. Wir müssen unsere Entscheidungen nach unserem Geist und Verstand und dem Wort Gottes abwägen. Ob wir 19 oder 90 werden, das Leben ist zu kurz, selbst für den Ältesten und Weisesten. Sorgen wir also dafür, dass jedes Jahr zählt. Halten wir es nicht krampfhaft fest, sondern, schenken wir es her. »Lass dein Brot über das Wasser fahren«

(Prediger 11,1, Luther), und es kommt als Kuchen zurück! Das ist das Bumerang-Prinzip.

Haben Sie die Gabe, Ihre Mitmenschen zum Lachen zu bringen? Oder Geschichten zu schreiben? Sind Sie der geborene Brotbäcker? Oder Zuhörer? Sind Sie gut im Sport? Im Organisieren? Oder könnten Sie einem Eskimo Schnee verkaufen? Springen Sie hinein in die Arena des Lebens, fangen Sie an – von ganzem Herzen und für Gott.

Feiern Sie, was es zu feiern gibt. Feiern Sie jeden Tag, nicht nur die Sternstunden. Sie haben tausend Gründe, sich ihres Lebens zu freuen – heute. Seien Sie nicht immer so tierisch ernst! Gott erlaubt seinen Kindern gerne, frisch und froh und von Herzen zu feiern.

- Sie fühlen sich diesen Monat gesund? Feiern Sie!
- Wieder ein Jahr unfallfrei gefahren? Feiern Sie!
- Die ersten Krokusse, die erste Lerche, der erste Schnee, die erste gute Frisur seit Jahren – feiern Sie!
- Und feiern Sie nicht allein. Laden Sie Freunde oder Fremde ein. Können Sie ihnen ein originelles Geschenk machen?

Vor einigen Jahren schrieb mir eine liebe Dame, dass sie beschlossen habe, mir ein Geburtstagsgeschenk zu machen. Ein ganzes Jahr lang würde sie meine »Ausschneiderin« sein, d. h., Cartoons, Artikel, Witze und sonstiges Material, das ich für unseren Rundbrief und meine Arbeit brauchen konnte, ausschneiden. *Was für ein Ding*, dachte ich. Und mehrere Monate lang kam treu am Monatsersten mein Ausschneidepäckchen.

Bald wartete ich ganz begierig auf dieses Päckchen, das mir die Rundbriefe so viel lebendiger machte. Woher hatte diese Frau nur die Zeit für so etwas? Dann kamen plötzlich keine Päckchen mehr, und ich erfuhr, dass meine Gönnerin gestorben war. Aber ihre Idee trug Früchte. Als im gleichen Jahr mein Hausarzt Geburtstag hatte, zermarterte ich mir den Kopf: Was schenkt man jemandem, der schon alles hat? Aber dann hatte ich es: Ich beschloss, ein Jahr lang alle Artikel auszuschneiden, die mit seinem Spezialgebiet zu tun hatten. Vielleicht konnte er etwas davon gebrauchen, und sicher erfuhr er gerne, was seine Patienten so lasen.

Mein Mann besorgte mir eine kleine Schere, die gut in meine Handtasche passte, und ich fing an. Zu Hause und unterwegs, bei der Fußpflege und beim Zahnarzt, überall stieß ich auf interessante Artikel und Neuigkeiten. Jeden Monat legte ich die gesammelten Ausschnitte in einen großen bunten Umschlag, zusammen mit diversen Bonbons, Lakritzen und Kaugummis (damit der Doktor etwas zum Knabbern hatte, während er las) und einer lustigen Karte. Mein Arzt freute sich über die Päckchen, und ich lernte einiges dazu durch meine Ausschneidestudien. Aus dieser einfachen Geste wurde ein Freuden- und Segensbumerang für mein ganzes Leben.

Möchten Sie Ihrem Babysitter, dem Postboten, der netten Kassiererin oder Ihrem Lieblingsverkäufer ein Stück Sonnenschein schenken? Es kostet nicht viel. Sie besuchen Freunde, die kleine Kinder haben? Bringen Sie ein Kartenspiel mit oder einen Ball oder ein Springseil (gerne auch unverpackt). Oder spielen Sie mit ihnen.

Fragen Sie sich immer wieder neu: Wie kann ich meinen Mitmenschen eine Freude machen? Wie kann ich sie diese Woche noch mehr lieben als in der letzten? Was für Liebesprojekte kann ich mir für nächstes Jahr vornehmen? Leben Sie jeden Tag so, als ob er Ihr letzter wäre. Eines Tages war es wirklich Ihr letzter!

Kopf hoch!

Wenn du mit andern teilst, wirst du selbst beschenkt.
(Sprüche 11,25)

Zum Beten

Himmlischer Vater, hilf mir, nicht meine Tage zu zählen, sondern jeden Tag neu die Möglichkeiten zu zählen, meinen Mitmenschen ein Stück Freude zu geben. Amen.

525 600 Minuten Freude

Freu dich jetzt, solange du Zeit hast –
denn Heute wird nie Morgen.

Ein Mann kommt in einen Buchladen. Während er sich umschaut, erzählt er dem Verkäufer beiläufig, dass er gerade eine Bibel weggeworfen hat, die er irgendwo gefunden hatte. »So ein alter Schinken, wissen Sie. Vorne drauf stand was von ›Guten- . . .‹.«

»Etwa Gutenberg?«, japst der Verkäufer.

»Ja, Gutenberg! Kennen Sie den?«

»Mann, Sie haben ein Buch weggeworfen, das 100 000 Dollar wert ist, eines der ersten, die je gedruckt worden sind!«

»Ach, kommen Sie, das Ding war bestimmt keinen Pfifferling wert, irgend so'n Typ, der Martin Luther hieß, hat alle Seiten voll gekritzelt!«

Wir wissen nie, was das Leben uns noch bringen wird. Heute, jetzt, in diesem Augenblick sind wichtige Menschen dabei, die Seiten unseres Lebens zu beschreiben. Lassen Sie die Perlen nicht zu Boden fallen. Sehen Sie sich das Leben an, das Sie in Ihren Händen halten. Ist es schäbig und zerlumpt? Hat es das Zeug zu Freude und Wachstum? Kann es eines Tages kostbar werden? Was wird in hundert Jahren vielleicht wichtig sein, das jetzt ganz unwichtig aussieht – oder unwichtig, das uns jetzt wichtig erscheint?

Alles verpatzt? Werfen Sie die Flinte nicht ins Korn, warten Sie ab. Vielleicht halten Sie einen Schatz in den Händen. Bitten Sie Gott, Ihnen zu helfen, das Leben mit seinen Augen zu sehen. Gehen Sie vorwärts, Schritt für Schritt, und vielleicht schon bald werden Sie Hoffnungszeichen sehen, gleich vor Ihrer Haustür: das Plappern eines Babys, das freundliche Licht in den Augen eines Nachbarn, den süßen Kuss Ihres Ehepartners, eine plötzliche Gelegenheit.

Die nächste Minute, sie birgt ungeahnte Möglichkeiten – wir müssen sie nur erkennen. Jeder Trottel kann die Kerne in einem Apfel zählen, aber nur Gott kann die Äpfel in dem Kern zählen. In jeder Verlegenheit steckt eine mögliche Gelegenheit. Möchten Sie ein Leben aus lauter glücklichen Momenten leben? Dann beschließen Sie, jetzt, hier, in diesem Augenblick das Schöne in dem zu sehen, was so hässlich oder frustrierend aussieht. Sie haben jeden Tag 1 440 Minuten dazu – das sind 525 600 Minuten im Jahr!

Aber was, wenn wirklich etwas schief gegangen ist? Vor etlichen Jahren besuchte mich mein Schwager, Mel. Ich hatte gerade so eine neumodische Haarschneidemaschine für unsere Jungen gekauft. Sie hatte einen Plastikkamm, den man auf die Klinge steckte und an dem man die genaue Schnittlänge einstellen konnte. Einstellen und drübergehen, wie beim Rasenmähen – dachte ich. Es gelang mir, Mel als mein erstes Opfer zu gewinnen.

Armer Mel. Sein Kopf sah aus wie ein Kornfeld nach einem Gewitter. Zum Glück hat Mel Humor. Als er am folgenden Tag in den Zug nach Minneapolis stieg, zog er sich seinen Hut so tief ins Gesicht, dass man nur noch die Nase und das Kinn sah. Als ich ihm hinterherwinkte, lachte er und rief: »Keine Bange, das wächst wieder!«

Wie wahr, musste ich später denken. Jedes Mal, wenn das Leben so tückisch ist wie die Haarschneidemaschine damals, denke ich an Mels Reaktion zurück. Das Wissen darum, dass Gottes Verheißungen gültig bleiben, was auch kommen mag, hilft mir, das Licht auch in den dunkelsten Stunden zu sehen. Haare wachsen oder fallen aus, Frisuren ändern sich, die neue Farbe wächst sich aus, und selbst Dauerwellen sind nicht von Dauer. So viele Dinge werden mir erst aus der Rückschau wichtig: ein Mensch, gute Gesundheit, eine Hoffnung.

Wollen Sie glücklich sein? *Jetzt* ist die Gelegenheit dazu! Das große oder kleine Glück ist das, was wir gerade in unseren Händen halten. Egal, wie wir versuchen, die Wirklichkeit zu manipulieren – durch Verdrängen, durch Sich-Sorgen, durch Kämpfen –, wirklich reich werden wir nur, wenn wir das Leben so annehmen, wie es heute ist.

Sieg und Prüfung sind die Kapitel, mit denen Gott die Seiten unseres Lebensbuches voll schreibt. Sie sind Zeichen dafür, dass er uns benutzt, uns liebt, uns nach seinem Bild formt, mit uns Gemeinschaft haben möchte, uns vom Bösen erlöst und die Ewigkeit in unsere Herzen schreibt. Freuen Sie sich – *jetzt*, denn nur das Heute ist Ihnen sicher. Genießen Sie den Augenblick, den Sie in Ihren Händen halten – jetzt.

»Was hast du mit meiner Flaschensammlung gemacht?«

Kopf hoch!

Jerusalem, ich habe dich unauslöschlich in meine Hände eingezeichnet; deine Mauern sind mir stets vor Augen. (Jesaja 49,16)

Zum Beten

O Herr, wie dankbar bin ich für deine beharrliche, unergründliche Liebe, mit der du mich veränderst, um mich zu deinem Werkzeug zu machen. Hilf mir, die Veränderungen, die auf mich zukommen, mit den rechten Augen zu sehen. Hilf mir, mich über jeden neuen Augenblick zu freuen! Amen.

Alle meine Murmeln

Das Leben geht weiter – packe es an!

Wenn mein Mann, Bill, und ich zu Vorträgen fahren, nehmen wir immer ein paar Pfund schimmernde Glasmurmeln mit, die wir mitten auf unserem Büchertisch aufschichten. Die Murmeln sind nicht rund, sondern abgeflacht und so groß wie ein Halb-Dollar-Stück. Ihre Farben decken das ganze Spektrum des Regenbogens ab: Rot, Lila, Blau, Orange, Dunkelrot und Grün, und wenn sie vom Licht getroffen werden, schimmern sie richtig. Wir nennen sie »Freudenkleckse«, und mitten in den Murmelberg stellen wir immer ein Schild, auf dem steht: »Dies ist Ihr gratis Freudenklecks. Bitte auf der Fensterbank in die Sonne stellen, dann erinnert er Sie daran, dass Gott Sie segnen will.« Inzwischen ist mindestens eine Tonne dieser Freudenkleckse in Umlauf.

Als ich wieder einmal den Büchertisch fertig gemacht hatte und auf das Podium ging, sagte ich der Frau, die den Büchertisch betreute: »Nicht vergessen: Die Freudenkleckse sind gratis, jeder darf sich einen nehmen.« Als ich nach meinem Vortrag zum Büchertisch zurückging, sah ich im Foyer Dutzende von Damen, die mit meinem Buch *Splashes of Joy in the Cesspools of Life* (»Freudenkleckse in den Jauchegruben des Lebens«*) herumspazierten. Ich dachte: *Na, das Buch verkauft sich heute aber echt gut. Aber warum ist es ausgerechnet dieses?* (Es gab noch sieben andere Bücher auf dem Büchertisch.)

Mein Erstaunen stieg, als ich unter dem Büchertisch fünf oder sechs leere Kartons sah. Ich fragte die Bücherdame, warum das Buch so gut ging. Sie antwortete: »Na, Sie haben ja gesagt, die ›Freudenkleckse‹ sind gratis, da hab ich jedem eins gegeben!«

Auweia!

* *Deutsche Übersetzung:* Lachen steckt an – Weinen macht nass (Hänssler Verlag, 1996).

Ich hoffe, dass die vielen Freieexemplare ihren Lesern zum Segen geworden sind. Ich habe herzlich über das Versehen gelacht – nicht sofort, aber später. Ob wir uns freuen oder nicht – es liegt bei uns; meine Glasmurmeln erinnern mich jedes Mal neu daran. Ich kann wählen, ob ich funkeln oder schmollen will.

Als die amerikanische Filmschauspielerin Shirley Temple noch ein Kinderstar war, sagte ihre Mutter ihr vor jedem Auftritt: »Glänz schön, Shirley!« Da ich genauso alt bin wie Shirley, habe ich mir diese Worte zu Herzen genommen. An jenem Tag hörte ich, wie mir der Heilige Geist am Büchertisch zuflüsterte: »Glänz schön, Barbara!«

Nach dem großen Erdbeben in Südkalifornien 1994 (das wirklich »große« soll noch kommen, aber mir hat es gereicht) schrieb mir eine Frau, wie ihr »Glitzerstein«, wie sie die Murmel nannte, ihr mitten in den Tränen lächeln half:

> Ungefähr vor einem Jahr war ich auf einer Freizeit, auf der Sie sprachen und jeder Teilnehmerin ein paar Glitzersteine für das Fensterbrett mitgaben. Ich nahm auch welche mit, und dann vergaß ich sie. Aber ihre Botschaft von der Liebe Jesu wurde wieder lebendig, als ich nach dem Erdbeben im Haus aufräumte.
>
> Der Kühlschrank und alle Schränke waren aufgesprungen, und alles lag in tausend Scherben. Ich war fix und fertig. Dann sah ich mitten in dem Haufen einen von den Glitzersteinen. Ich hob ihn weinend auf und dankte Gott dafür, dass ich all diese Dinge, die jetzt zerbrochen waren, so viele Jahre hatte haben können. Ich dachte: *Dafür habe ich Jesus.* Als ich diesen Glitzerstein in der Hand hielt, musste ich lächeln. Ich sagte: »Danke, Barbara, für diese Erinnerung, dass Jesus mich liebt. Ich will für ihn leuchten.«

Vergessen wir diese Geschichte nicht. Vergessen wir nicht die herrlichen Farben des Regenbogens vor lauter Suchen nach dem Topf voll Gold an seinem Ende! Wenn unser Leben sich dem Ende zuneigt, werden wir uns nicht an Tage, sondern an Momente erinnern. Halten wir sie in Ehren, diese Augenblicke, und seien wir uns darüber im Klaren, dass die kostbarsten nicht die so genannten Sternstunden des Erfolgs sind, sondern jene Minuten, wo wir, als wir ganz unten waren, uns der Verheißung der Freude öffneten!

Die Glasmurmeln, die wir verschenken, erinnern mich immer daran, warum ich meine Vorträge halte: Wir sind nicht auf dieser Erde, um einander zu durchschauen, sondern um einander durchzutragen. Ich möchte anderen helfen, das Licht am Ende des Tunnels zu sehen. Ich möchte ihnen eine Ermutigungsparty spendieren, sie unter die Freudendusche stellen. Das ist es, was das Leben lebenswert macht.

Wenn ich die Murmeln vom Hersteller geliefert bekomme, stecken sie in kleinen Netzen und sind von einer dünnen Puderschicht bedeckt, zum Schutz vor Kratzern während des Transports. Um sie schön glänzend und durchsichtig zu bekommen, muss ich jedes Netz öffnen, die Murmeln mit Wasser abspülen und sie auf ein Handtuch zum Trocknen auslegen.

Als ich eines Tages wieder einmal damit beschäftigt war, klingelte das Telefon. Es war eine Reporterin, die herausfinden wollte, was verschiedene Buchautoren so in ihrem Alltag machten. Was, bitte sehr, machte ich gerade? Ich antwortete: »Ich wasche meine Murmeln in der Küchenspüle.«

Ein Augenblick Funkstille. Dann fragte die Reporterin: »Entschuldigen Sie, *wer* sind Sie noch?«

»Barbara Johnson.«

»Die christliche Autorin?«

»Ja, klar!«

»Und Sie waschen Ihre Murmeln?«

Ohne Zweifel hatte sie den furchtbaren Verdacht, sich verwählt und die Psychiatrie erwischt zu haben. Aber als ich ihr erklärte, dass ich meine Freudenkleckse immer abspüle, bevor ich sie verschenke, lachte sie. Ich fuhr fort und erklärte ihr, dass meine Murmelwäsche mir hilft, mich daran zu erinnern, wie Gott uns reinigt – wie seine Liebe die Staubschicht abwäscht, mit der wir uns vor den Kratzern des Lebens zu schützen versuchen, bis wir ganz hell und durchsichtig sind.

Viele meiner Freunde wissen, dass ich gerne Witze über meine Murmeln mache – wie ich sie wasche und manchmal auch »verliere«. (»Seine Murmeln verlieren« heißt in Amerika so viel wie nicht alle Tassen im Schrank zu haben.) Eine Freundin schickte mir ein kleines Schild mit der Überschrift »Murmelausweis«: »Hiermit wird bescheinigt, dass ich, Barbara Johnson, im vollen Besitz meiner sämtlichen Murmeln bin. Jegliche anderweitigen Behauptungen entbehren jeder Grundlage.« Ganz unten stand: »Was wär die Welt so nett, wenn jeder seine Murmeln hätt!«

Doch manchmal verliere ich meine Murmeln. Meine Gedanken gehen auf Wanderschaft oder schalten ganz ab. Was soll's. Die Murmeln auf meiner Fensterbank erinnern mich an das Licht des Planes Gottes und wie wunderbar es ist, leben zu dürfen. Ich will mein Heute heute genießen, denn eines Tages wird Heute tief im Gestern liegen. Ich kenne eine Frau, deren brustkrebskranke Mutter in ihren Armen starb, kurz bevor sie sich selber einer Amputation beider Brüste unterziehen musste. Das ist jetzt mehrere Jahre her, und heute sagt sie mit einem Lächeln: »Selbst an schlechten Tagen bin ich so glücklich! Dass ich überhaupt einen schlechten Tag haben kann, gibt mir unheimlich Auftrieb!«

Sicher: Der Regen fällt auf Gerechte wie Ungerechte (aber mehr auf die Gerechten, weil die Ungerechten ihre Regenschirme stehlen). Aber ich lasse mich von den Schmerzspritzern nicht unterkriegen. Wenn ich unten liege, erinnere ich mich an die bunten Freudenkleckse auf meiner Fensterbank. Ich nehme meinen Regenbogen und teile ihn mit den anderen! Wir können den Problempfützen in unserem Leben nicht ausweichen, aber wir können mit einem Regenbogenlächeln durch sie hindurchtanzen und fröhlich unseren Schirm schwenken – den Schirm der Liebe Gottes. Er ist der einzige Schirm, den wir brauchen. Was unser Problem auch ist, Gottes Gnade ist genug.

Kopf hoch!

Entsündige mich mit Ysop, dass ich rein werde; wasche mich, dass ich schneeweiß werde. Lass mich hören Freude und Wonne … Schaffe in mir, Gott, ein reines Herz …
(Psalm 51, 9-10.12, Luther)

Zum Beten

Lieber Herr, du spritzt lauter Freudenkleckse auf meine Augenblicke und Tage. Wenn ich zurückschaue, sehe ich das bunte Muster deiner Wege, das wie ein Regenbogen schimmert. Du bist schön, Gott, und du machst auch mein Leben schön, wenn du mich weißer wäschst, als der Schnee ist. Amen.

Geburtstags-Countdown

Das unheimliche am Mittelalter ist,
dass man weiß, dass es bald vorbei sein wird.

Andy ärgerte sich. Der Josef hatte er sein wollen in dem Krippenspiel, und jetzt war er bloß der Gastwirt! Aber warte, Josef, dir werd ich's zeigen ...

Das Spiel beginnt. Die müden Wanderer, Josef und Maria, kommen – und Gastwirt Andy begrüßt sie mit dem Satz: »Nur reinspaziert, die Herrschaften, hier ist alles frei.«

Maria schaut perplex ihren Josef an. Der wird blass, aber nur für eine halbe Sekunde, dann steckt er seinen Kopf in das Gasthaus und verkündet: »In so 'ner Bruchbude schlaf ich nicht. Komm, wir gehen in den Stall.«

Wo ist er geblieben, der Mutterwitz, der uns als Kindern so gute Dienste leistete? Warum lässt er uns in der Midlife-Krise so im Stich? Die Experten sagen, dass unsere angeborene Kreativität ab dem 11. Lebensjahr verkümmert, weil wir sie nicht mehr benutzen. Wir werden immer weniger neugierig und spontan.

Jugend – das ist kein Lebensalter, sondern eine innere Einstellung. Jugend geht Risiken ein, sucht das Abenteuer, hofft das Beste, ist mutig. Wir sind so jung, wie unser Glaube stark ist.

Der Schauspieler Jimmy Stewart blieb bis zu seinem Todestag jung; er starb mit 89 Jahren. Jimmy war ein Ass, aber seine Berühmtheit war und blieb ihm ein Wunder. Eines Tages hielt ihm ein Fremder die Hand hin und sagte: »Mr. Stewart, das bedeutet Ihnen jetzt sicher nicht viel, aber ich möchte Ihnen einfach sagen, dass ich Sie toll finde.« Jimmy nahm die Hand, hielt sie ganz fest, sah dem Fremden in die Augen und antwortete: »Es bedeutet mir alles.«

Wir leben das Reich Gottes in uns aus, wenn wir einander so schätzen und wenn wir Wege finden, aus Unglück Glück zu machen. Das Lachen ist ein solcher Weg. Lachen bringt das Blut in Wallung, erweitert die Brust, elektrisiert die Nerven und fegt die Spinnweben aus dem Gehirn. Der ältere Mensch, der viel lacht, hat die Runzeln an den richtigen Stellen!

Wenn Sie hundert Jahre alt werden, hat Ihr Herz über 3 000 000 000mal geschlagen und dabei über 100 000 000 Liter Blut (entsprechend einem Gewicht von über 100 Tonnen) durch Ihren Körper gepumpt. (Da darf man gerne etwas müde werden.) Versuchen Sie, jeden Schlag glücklich sein zu lassen.

Ich fände es toll, hundert Jahre alt zu werden, aber zwei Mal fünfzig wäre noch viel besser. Das geht ganz einfach: Ab dem 50. Lebensjahr wird man einfach jedes Jahr ein Jahr jünger – mit 51 wird man 49, mit 60 40 und so weiter. Nein, Sie sollen sich nicht jünger »machen«, sondern jedes Jahr jünger *werden!*

Wie man das macht? Die Regel Nr. 1 lautet: Freude verbreiten. Es gibt kein besseres Schönheitsmittel. Regel Nr. 2: Sich regelmäßig körperlich betätigen; und da gibt es für das Herz nichts Besseres, als sich zu bücken und einen anderen Menschen hochzuheben. Regel Nr. 3: Begeisterungsfähig bleiben. Lassen Sie sich von buchstäblich nichts unterkriegen. Wenn jemand mir nur das Hemd am Leib lässt, habe ich die Wahl: Benutze ich es als Taschentuch zum Weinen oder als Segel? Segeln Sie hinaus auf die See, und vergessen Sie dabei nicht: Der Pessimist jammert über den Wind, der Optimist hofft, dass er sich drehen wird, und der Mensch, der mit Gott fährt, stellt sein Segel richtig.

Mein Segel in rauer See richtig stellen tue ich unter anderem dadurch, dass ich an den unmöglichsten Stellen etwas zum Lachen finde. Freude und Spaß kann man nicht fangen wie ein Tier oder sich holen wie die Grippe, aber wenn ich sie suche, dann kommen sie. Ihr Reiz liegt in dem Unerwarteten – ob ich nun Träumen hinterherjage, einen Drachen steigen lasse oder auf der Abwärts-Rolltreppe nach oben steige. Brechen Sie aus Ihrer Midlife-Kruste aus und werden Sie ein bisschen verrückt; sollen Ihre Freunde ruhig denken, dass Sie aus der Klapsmühle entsprungen sind.

Man kann die Uhr nicht zurückstellen, aber man kann sie wieder aufziehen. In der zweiten Jugend kann ein wenig Verrücktsein die beste Medizin sein. Das Geheimnis des Jüngerwerdens ist, dass ich nicht meine Geburtstage zähle, sondern meine Segnungen. Also: Nicht älter werden, sondern jünger. Ein gutes Zeichen ist, wenn man anfängt, wieder Überraschungseier zu kaufen.

Wenn Sie es lange genug durchhalten, wird aus der zweiten Jugend die zweite Kindheit. Aber Vorsicht vor der Philosophie des Zweijährigen: *Wenn ich es will, gehört es mir. Wenn es so aussieht, als ob es mir gehört, gehört es mir. Wenn ich es dir wegnehme, gehört es mir. Wenn ich es vorhin hatte, gehört es mir. Wenn ich es dir geschenkt und es mir dann anders überlegt habe, gehört es mir.* Mit so etwas verstößt man gegen sämtliche Regeln des Jüngerwerdens. Also fort damit und weitergehüpft in das Dasein des Babys – jenen seligen Zustand, wo wir nichts mehr zu tun haben, als zu essen und zu schlafen und in der Liebe unserer Verwandten zu baden, und wo keiner uns böse ist wegen einer durchwachten Nacht oder einem schwierigen Nachmittag; wo die Minuten und Stunden ruhig dahinticken, bis wir das Tor der Ewigkeit erreichen.

Kopf hoch!

Macht euch keine Sorgen um euer Leben … Sorgt euch nur darum, dass ihr euch seiner Herrschaft unterstellt, dann wird er euch schon mit dem anderen versorgen. (Lukas 12,22.31)

Zum Beten

Herr, zeige mir, wie ich wieder ein Kind werden kann. Lass mich im Gras rollen mit dir und wie ein Bach kichern. Lehre mich das Geheimnis, dich zu lieben, einfach so. Amen.

ALLZEIT BEREIT?

… und verlass nicht das Gebot deiner Mutter.
(Sprüche 1,8, Luther)

Vorbeugen ist besser als Heulen.

Als Mütter und Ehefrauen verbringen wir viele Jahre damit, unsere Kinder auf das Leben – vor allem die Schule, Freundschaften und richtiges Benehmen – vorzubereiten und aus unseren Rohdiamanten (sprich: Männern) Brillanten zu machen. Sie kostet Zeit und Kraft, diese Erziehungsarbeit – aber wer zeigt *uns*, wo es langgeht? *Niemand!*

Kürzlich schickte eine Freundin mir die folgenden Zeilen darüber, wie man sich auf eine Mammographie vorbereitet. Ich habe sie schon oft auf Konferenzen zum Besten gegeben und den Bumerang des schallenden Gelächters genossen, der zu mir zurückkam. Also: Hier ist mein Spaßbumerang für Sie. Werfen Sie ihn weiter und gönnen Sie sich das Bumerang-Prinzip: Bringe jemand anderes zum Lachen, und das Lachen kommt zu dir zurück!

Die Mammographie

Dies ist eine Röntgenaufnahme der Brüste, und sie heißt so, weil keiner »Brüste« sagen will. Eine Mammographie heißt, dass Ihre Brüste turnen müssen. Wenn Ihre hochbeweglich sind, dürften Sie keine Probleme haben. Aber die meisten Brüste hängen untätig in der Gegend herum und sind absolut nicht mammographie-geeignet. Aber nur Mut: Mit ein paar Übungen am Küchentisch können Sie sich auf Ihre Mammographie vorbereiten.

Übung 1: Legen Sie zwei Bücherstützen über Nacht in den Kühlschrank. Legen Sie eine Ihrer Brüste (welche, ist egal) zwischen die Stützen und knallen Sie diese so fest zusammen, wie Sie können. Wiederholen Sie die Übung dreimal täglich.

Übung 2: Besorgen Sie sich einen alten Fleischwolf oder eine Wäschemangel. Stopfen Sie Ihre Brust in das Gerät und beginnen Sie zu kurbeln. Zweimal täglich wiederholen.

29-ZT
McPHERSON

Übung 3 (nur für Fortgeschrittene!): Legen Sie sich in Ihrer Garageneinfahrt bequem auf die Seite und platzieren Sie eine Ihrer Brüste hinter dem hinteren Reifen der Familienkutsche. Lassen Sie den Fahrer auf Ihr Signal langsam nach rückwärts fahren. Fünf Sekunden lang durchhalten, dann mit der anderen Brust wiederholen.

Diamantenstaub

Ohne Reibung kein Polieren – auch nicht bei den Freudenjuwelen!

Ein Mann, der durch die Straßen schlendert, kommt an einem Juwelierladen vorbei. Als er näher tritt, um die Auslagen im Fenster zu bewundern, sieht er, wie der Juwelier ein paar gelbliche Diamanten in eine Maschine steckt. Ein paar Augenblicke später holt er sie wieder heraus, und jetzt sind sie nicht mehr gelblich, sondern voll durchsichtig. Das macht den Mann neugierig, und er geht in den Laden hinein.

»Ach, die Maschine? Da ist Diamantenstaub drin«, erklärt der Juwelier. »Nur ein Diamant kann einen anderen Diamanten schneiden. Wir benutzen den Diamantenstaub, um die äußerste Schicht der Steine wegzupolieren, damit das innere Leuchten nach außen kann.«

Polieren. Leuchten. Transparent machen. Nur Gott kann eine von Sünde befleckte Seele in ein Meisterwerk der Gnade verwandeln. Jesus ist der Fels unseres Heils, und der Heilige Geist ist unser Angeld. Er bereitet uns vor für den Tag, wo wir heller leuchten werden als alles Gold des Himmels, und ist dabei, mit seinem Diamantenstaub all den Dreck wegzuschleifen, der sein Leuchten trübt.

Prüfungen sind nicht Feinde des Glaubens, sondern Gelegenheiten für Gottes Treue. Eines Tages werden wir alle einen goldenen Stern mit unserem Namen haben – nicht in Hollywood, sondern in dem Pflaster der Edelsteinstraßen des himmlischen Jerusalem. Und jede Woche werden die Engel kommen und ihn aufpolieren, um uns Gottes Liebe zu zeigen.

Ich las einmal von einem Mann, der irgendwo im Weltall einen Stern entdeckt und nach sich benannt hat und der jetzt Grundstücke auf diesem Stern verkauft – Einheitsgröße 40 Ar. Die Kaufurkunde weist einen als Miteigentümer eines Sterns aus. Das Geschäft floriert (muss wohl an dem Sternenstaub liegen, der die Gehirnwindungen der Käufer verstopft). Nun, ich habe eine gute Nachricht: Wir brauchen uns gar kein Grundstück irgendwo am Rand der Milchstraße zu kaufen, für uns ist schon ein Platz am schönsten Ort des Universums reserviert. Wenn unsere Namen im Lebensbuch des Lammes geschrieben sind, steht uns der Himmel selber offen und nicht irgendein Schrebergartengrundstück auf irgendeinem Krümelstern.

Das Leben ist ein Läuterungsprozess, und unsere Reaktion darauf entscheidet darüber, ob wir zermalmt oder aufpoliert werden. Da steht ein Klavier. Der eine setzt sich daran und spielt Beethoven-Sonaten, der andere hämmert »Alle meine Entchen«. Liegt das an dem Klavier? Nein, sondern an dem Spieler. Unsere Freude und unser Glänzen hängen davon ab, wie wir die Stücke spielen, die das Leben uns hinlegt.

Schön, manchmal kommt man sich nicht wie in einem Diamantenschleifer vor, sondern wie in einem Zementmischer. Aber ob meine inneren Qualitäten ans Licht kommen oder ob ich »matt« bleibe, hängt davon ab, wie ich auf den Hobel des Lebens reagiere. Freude ist nicht das Ergebnis von glücklichen Umständen, der richtigen Ausbildung oder Talent, sondern von einer gesunden Beziehung zu Gott und der Entschlossenheit, ihn zu lieben, komme, was da wolle.

Wenn Sie nicht mehr »Warum?« rufen, sondern »Mach du es, Herr!«, dann sind Sie auf dem richtigen Weg durch den Diamantenstaub, der Ihnen gerade die Sicht nach vorne nimmt. Wenn Gott Ihre Größe in seinem Reich messen wird, werden nicht Ihre Erfolge und Leistungen zählen, sondern allein das Leuchten Ihres Herzens. Selbst durch Tränen hindurch werden Ihre Augen glitzern. Gott will und wird unser Leben so prägen, dass es die Herrlichkeit seines Sohnes widerspiegelt. Die Stürme des Lebens werden einen Regenbogen schaffen, der anderen Menschen Licht und Freude gibt.

Haben Sie sich auch schon gewünscht, dass Ihr Leben ein Film wäre, den sie bei den stressigen Stellen einfach ein Stück vorwärts spulen können? Aber das geht nicht. Wir müssen jede Minute, jeden Tag unseres Lebens durchleben. Lassen wir uns dabei nicht von der Diamantenstaub-Depression unterkriegen!

Kopf hoch!

Ihr sollt ja rein und fehlerlos werden und euch als Gottes vollkommene Kinder erweisen mitten unter verirrten und verdorbenen Menschen; ihr sollt leuchten unter ihnen wie die Sterne am nächtlichen Himmel. (Philipper 2,15)

Zum Beten

Herr, danke für deinen Diamantenstaub! Ich mag gar nicht daran denken, was ohne ihn aus mir würde. Du bereitest mich für die Herrlichkeit zu. Du liebst mich durch meine Prüfungen – als deinen kostbaren Juwel. Ich liebe dich, Herr, und bin stolz darauf, ein Juwel in deiner Krone sein zu dürfen. Amen.

Die Macht der Vergebung

Besser vergeben und vergessen
als nachtragen und verbittern.

Haben Sie schon von der Internationalen Vergebungswoche gehört? Ich fand sie in meinem Kalender, ganz richtig mitten im Winter, wenn man sich so recht kalt, eingesperrt und gereizt fühlt, als ob es nie mehr hell und warm werden wird – so wie man sich fühlt, wenn man jemandem etwas nachträgt.

Meinem Mitmenschen vergeben setzt mich instand, meinen Groll in der kalten Erde zu begraben, die Vergangenheit hinter mir zu lassen, meinen Ärger fortzuspülen. Vergebung ist Investieren in die Zukunft. Sie ist tollkühn und mutig, der couragierteste Schritt, den ich tun kann. Hier ist ein Plan für Ihre eigene Vergebungswoche. (Anmerkung: Die besten Ergebnisse erzielt man, wenn man den Plan 52mal im Jahr anwendet!)

Montag: Ich vergebe mir selber.
Dienstag: Ich vergebe meinem Ehepartner.
Mittwoch: Ich vergebe meinen Kindern.
Donnerstag: Ich vergebe meinen Eltern.
Freitag: Ich vergebe meinen Freunden.
Samstag: Ich vergebe meinen Feinden.
Sonntag: Ich vergebe meinem Pastor und den Menschen in meiner Gemeinde.

Wenn Sie anderen vergeben, wird bald der Frühling in Ihr Herz einziehen und frische Freude aufkeimen lassen.

Aber vielleicht brauchen Sie selber am meisten Vergebung? Fühlen Sie sich, als ob der Berg Ihrer Sünden bis zum Himmel reicht?

Für immer wert

Gott,
ich habe gesündigt
gegen den Himmel
und gegen dich.
Ich bin nicht mehr wert,
dein Kind zu heißen.

Kind, ich weiß, ich weiß …
Aber mein Sohn
ist für immer wert,
dein Erlöser zu heißen.

Ruth Harms Calkin

Plagt die Reue Sie, weil Sie das, was ist, mit dem vergleichen, was hätte sein können? Haben Sie bei etwas, das Sie so gerne geschafft hätten, kläglich versagt? Mit jeder Tür, durch die wir gehen, lassen wir andere Türen ungcöffnet. Was geschehen ist, ist geschehen. Ich kann ein Spiegelei nicht zurück in seine Schale tun; ich muss stattdessen die Kunst lernen, Aufläufe zu machen:

Montag: Ich baue eine Brücke und tue jemandem etwas Gutes.
Dienstag: Ich sehe die Fehler, die ich gemacht habe, durch das Prisma des Humors.
Mittwoch: Ich nutzc jcden Augenblick, mache mehr aus jeder Gelegenheit.
Donnerstag: Ich muss nicht immer Recht haben!
Freitag: Ich sehe meine Situation in einem neuen Licht.
Samstag: Ich akzeptiere meine Grenzen, aber höre auf, mich ständig selber anzuklagen.
Sonntag: Ich ändere meine Prioritäten, um künftige Unterlassungssünden zu vermeiden.

Vergebung ist ein mächtiges Prinzip, der schnellste Weg heraus aus Hass und Angst und Chaos. Es gibt viele Arten, aus Leiden zu lernen und sein Los anzunehmen. Als ich herausfand, dass einer meiner Söhne schwul war, war ich am Boden zerstört. Wir Christen denken ja immer, dass *uns* so etwas nicht passieren kann – aber es passiert sehr wohl! Wir haben so viele

»Hören Sie endlich auf, dauernd ›Freut euch des Lebens‹ zu pfeifen!«

Sachen unter unseren Teppich gekehrt, dass er schon ganz buckelig ist. Wie viele Male übergab ich damals meinen Sohn an Gott, nur um die Last wieder an mich zu reißen, bis ich es endlich wieder sprechen konnte, das erlösende Gebet: »Mach du es, Herr!« Und vergeben konnte. Ich weiß, was Reue ist, ich habe mein Quantum davon gehabt. Aber ich weiß auch, was Vergebung ist, weil Gott mir so gnädig vergeben hat.

Wollen Sie mehr Selbstachtung haben? Reagieren Sie auf die Lage, in der Sie heute sind, so, dass Sie morgen darauf stolz sein können. Vergebung macht uns frei von der Vergangenheit, sodass wir heute das Richtige tun können. Schauen wir auf Jesus: Er wurde zwischen zwei Dieben an ein Kreuz genagelt, damit Sie und ich aufhören können, uns selber ans Kreuz zu nageln – zwischen den Dieben »Reue über gestern« und »Angst vor morgen«.

Wie die meisten Dinge, so wird auch das Vergeben leichter, wenn man lacht. Vor ein paar Jahren, an dem Tag, wo alle Planeten eine Linie bildeten und manche den Weltuntergang erwarteten, kam Bill früh am Morgen in mein Zimmer und weckte mich aus dem besten Schlaf: Der Wasserboiler leckte, und das halbe Bad stand unter Wasser. Mein erster Gedanke war hoffnungsvoll: Vielleicht würde die Welt wirklich untergehen; dann bräuchte ich mich nicht mehr um den Boiler zu kümmern. Doch dieses Glück war mir nicht vergönnt.

Nach einigem Herumtelefonieren kam endlich ein Klempner. »Sie brauchen einen neuen Boiler. Kostet 300 Dollar. Wollen Sie fünf oder zehn Jahre Garantie?« Ich antwortete: »Ach, fünf genügen mir, viel länger gibt's mich sowieso nicht!« Er sah mich verwundert an.

Als er fertig war, ging er an den Küchentisch, um die Rechnung zu schreiben. Direkt vor seiner Nase lag ein billiges Taschenbuch, das irgendjemand mir geschickt hatte (ich hoffe, aus Spaß) und das den Titel trug »Wie man ein glücklicher Schwuler wird«. Der Klempner sah's und sagte nichts, schrieb seine Rechnung fertig und ging, zwei Falten auf seiner Stirn.

Als er weg war, fing ich an zu lachen. Ich lachte schallend, den ganzen Weg bis zur Post. Was mochte der arme Kerl gedacht haben? Was würde er seiner Frau über mich erzählen? Die Peinlichkeit löste sich in Lachtränen auf. Ich vergab Bill, dass er mich so früh geweckt hatte, ich vergab mir selber, dass ich um ein Haar ausfällig geworden war, und vor allem vergab ich dem Spender des Buches auf dem Tisch! Werfen wir nicht die Flinte ins Korn, wenn der Weg etwas rau wird! Durch die Macht der Vergebung und die Regel, nicht bitter zurückzuschauen, sind die Tragödien meines Lebens Gelegenheiten zum Dienen geworden. So kann es auch bei Ihnen sein!

Kopf hoch!

... und vergib uns unsre Sünden; denn auch wir vergeben allen, die an uns schuldig werden. (Lukas 11,4, Luther)

Zum Beten

Himmlischer Vater, lehre mich, meinen Feinden zu vergeben, meinen Freunden und mir selber. Ich will nicht mit der Bitterkeit der Reue leben. Zeige mir, wie ich mich über meine Umstände erheben kann. Ich will deinen Willen tun. Amen.

Echt!

Eines Tages werde ich ein Buch schreiben:
»Antworten, die ich nicht hören wollte, auf Fragen,
die ich nie gestellt habe«

Ein Professor fragte seine Studenten: »Was ist das größte Problem in unserer Gesellschaft – Ignoranz oder Apathie?«

Einer der Studenten antwortete für alle: »Das weiß ich nicht, und das ist mir auch egal.«

Manchmal habe ich den Eindruck, dass die Welt auf die Bemühungen der Christen, das Evangelium weiterzugeben, genauso reagiert. Und man kommt ins Fragen: Sprechen wir überhaupt die Probleme der Leute an? Oder beantworten wir Fragen, die gar keiner stellt? Da steht in einer Karikatur ein Mann an einer Straßenecke, die Passanten eilen achtlos an ihm vorbei. Der Mann explodiert: »Will denn keiner wissen, woher ich meinen inneren Frieden habe?«

Eine andere Karikatur: Im Supermarkt steht ein Mann an der Schnellkasse – »Nicht mehr als zwölf Artikel« – und gibt der Kassiererin sein Zeugnis: »Denn sie haben alle gesündigt . . .« Die Kassiererin, nonchalant: »Ja, und Sie auch. Sie haben vierzehn Sachen.«

Wollen wir, dass die Menschen uns zuhören? Dann müssen wir echt sein. Wenn wir Hoffnung und Freude verbreiten und die Menschen zu unserem Herrn und Heiland Jesus Christus führen wollen, müssen wir aufhören mit den falschen Fassaden. Das Einzige, was bei uns Christen anders ist, ist doch, dass wir Gottes Vergebung haben! Unsere Probleme sind nicht weniger tragisch als die der anderen, unser Leben nicht weniger kompliziert, unsere Kinder nicht weniger unmöglich, unsere Zukunft kein bisschen sicherer, unsere Ehepartner nicht treuer, unsere Lasten nicht leichter. Unser Leben ist doch ein ständiger Kampf darum, unser Gewicht unten und unseren Kopf hoch zu halten; der Unterschied ist, dass Christen jemanden haben, der sie auf ihrem Weg begleitet.

Sie sind vielleicht der einzige Jesus, den Ihr Mitmensch je kennen lernen wird. Gehen Sie auf ihn zu, ganz einfach und

»Das mag ich so an Heinrich: Er kann so gut zuhören.«

natürlich. Er ist dem Reich Gottes vielleicht näher, als Sie denken. Eine gute Faustregel lautet: Lass dein Herz etwas weicher sein als deinen Kopf!

Lassen Sie sich vom Leben zeigen, wie man echt wird. Das Leben ist das, was wir kriegen, wenn wir nicht das kriegen, was wir wollen. Es gibt nur eines, das schmerzlicher ist, als aus Erfahrung lernen, und das ist, dass ich nichts aus ihr lerne! Gottes Gnade scheint in den dunkelsten Tunneln am hellsten; dort fangen wir an, ihn zu sehen. Durch seine Wunden sind wir geheilt, und an unseren Narben erkennt man, dass wir zu ihm gehören.

Menschen, die Schweres hinter sich haben, sind oft die mit den reinsten Zielen und der größten Charakterstärke. Also: Lasst uns wir selber sein und nicht mehr Angst vor uns selber oder vor den anderen haben!

Nicht nur ein Wein, sondern auch wir Menschen werden mit der Zeit lieblicher, wenn nur die Trauben gut sind. Sie haben vielleicht eine Karriere als Geschäftsfrau eingeschlagen – aber dann pflegen Sie Ihre sterbende Mutter oder kümmern sich um die Nichte, die Vollwaise ist, oder um den behinderten Bruder. Oder die Krankheit tritt in Ihr eigenes Leben, und Sie fangen an, Bücher zu schreiben und wirken im Herz und nicht im Portemonnaie Ihrer Mitmenschen. Darum ist es das Beste, wenn man immer sich selber und Gott treu ist und offen für seinen Willen. Er wird uns benutzen.

Denken wir daran: Gott wird es alles zum Besten lenken, aber manchmal braucht man starke Nerven, um dabei zuzusehen. Nehmen Sie sich jetzt einen Augenblick Zeit, um über Gottes Verheißungen nachzudenken. Über die Hoffnung und die Gelegenheiten zum Wachsen, die die Not Ihnen gebracht hat. Über die Gaben, die Gott Ihnen geschenkt hat. Bitten Sie den Heiligen Geist, Ihnen zu helfen, echt zu sein in all Ihren Beziehungen. Geben Sie Gott Raum, die Fragen der Welt durch Ihr Leben zu beantworten. Unser Leben ist schließlich unsere eigentliche Arbeit – und die Belohnung für gute Arbeit ist, dass wir noch mehr tun dürfen!

Kopf hoch!

Der Größte unter euch soll euer Diener sein. Wenn ihr euch selbst groß macht, wird Gott euch demütigen. Wenn ihr euch selbst gering achtet, wird Gott euch zu Ehren bringen. (Matthäus 23,11-12)

Zum Beten

Herr, du hast mich nicht zum Harfenspielen auf eine rosa Wolke gesetzt, sondern in die ganz reale Welt gestellt. Du hast mich dazu berufen, deine Gegenwart in den finstersten Ecken zu sein, deine Hoffnung, wo Verzweiflung ist. Ich brauche Kraft, Herr, und einen festen Stand. Hilf mir, nicht Fragen zu beantworten, die gar keiner gestellt hat, sondern einfach einem anderen Menschen Jesus zu sein, heute. Amen.

Die Flügel des Gebets

Wir sind alle Engel mit nur einem Flügel –
wir können nur fliegen, wenn wir einander umarmen.

Im Ersten Weltkrieg saß irgendwo in Frankreich eine Abteilung amerikanischer Soldaten in ihrem Schützengraben, mitten im feindlichen Feuer. Ihre einzige Hoffnung war, den Bunker, der sie beschoss, zu stürmen. Zwei Männer hatten es bereits versucht; sie waren tot. Der Sergeant bellte einen Dritten an: »Webster, jetzt du!« Der Soldat zögerte, zog den Ärmel seines Mantels zurück und sah auf seine Armbanduhr. »Raus mit dir!«, brüllte der Sergeant. Der Soldat atmete tief ein und sah erneut auf seine Uhr. »Dies ist ein Befehl! Aufstehen und zu dem Bunker! Jetzt sofort!« Der Soldat biss sich zitternd auf die Lippe, zog sich zum Rand des Grabens hoch und schaute wieder auf die Uhr. Dann kletterte er über seine gefallenen Kameraden und wieselte durch den aufspritzenden Dreck zu dem Rand des Bunkers hin. Er zitterte so stark, dass er kaum den Zünder von der Granate reißen konnte. Er warf sie in den Bunker.

Der Bunker explodierte, die Amerikaner stürmten. Später zog der Sergeant den Soldaten beiseite. »Worauf hast du gewartet?«, fragte er. »Was hast du dauernd auf die Uhr geguckt? Weißt du nicht, was ein Befehl ist?«

Der Soldat erwiderte: »Meine Mutter hat mir versprochen, jeden Tag um Mittag für mich zu beten. Ich hab darauf gewartet, dass es zwölf Uhr ist, das war alles.«

Als Christen befinden wir uns alle mitten in einem geistlichen Krieg. Aber wie oft haben wir eigentlich schon jemandem gesagt: »Ich bete für dich«, in dem Wissen, dass sein Leben davon abhängen kann? Für viele von uns besteht der tägliche Stundenplan vor allem aus drei Dingen:

1. Aufstehen.
2. Sich durchschlagen.
3. Ins Bett gehen.

»Ich bete für dich« – dieses Versprechen geht uns leicht über die Zunge. Aber wie ernst meinen wir es? Unsere Schwestern, Brüder und Kinder im Glauben brauchen unseren ganzen, treuen Einsatz.

Beten ist keine Manipulationsübung, sondern das genaue Gegenteil: Im Gebet verlassen wir uns auf Gott. Wir lassen uns Gottes Liebe für den anderen Menschen geben. Wir lassen Gottes Macht in das Leben des anderen hinein. Wir stellen uns über all die Macht des Feindes (Lukas 10, 19) und kämpfen weiter. Wir befehlen Gott nicht, wie er uns zu erhören hat, wir sind einfach treu. Beten – das ist nicht unser letzter Ausweg, sondern unser erstes Vorrecht. Auch wenn wir nicht wissen, wie wir richtig beten sollen – beten wir! Auch wenn es Rückschläge gibt, halten wir fest an der unendlichen Hoffnung auf Gott.

1976 wurden sieben junge Frauen, die für Campus für Christus arbeiteten, während einer Konferenz in Colorado von einer Flutwelle erfasst und ertranken. Die Nachricht von ihrem Tod verbreitete sich wie ein Lauffeuer. Einen Bundesstaat weiter, in der winzigen Bergwerksstadt Pitcher (Oklahoma), erschien in der Zeitung eine jubelnde Schlagzeile. Ein Mädchen aus dem Ort, Mary Graham, deren große Familie wohl bekannt und beliebt war, war auch auf der Konferenz in Colorado gewesen – aber nicht an dem Fluss, als die Flut kam. Die Schlagzeile posaunte: »Mary war nicht dort!«

Die sieben anderen Mädchen starben in dem tobenden Fluss, Mary nicht. Warum? Ihre Familien hatten doch wohl genauso für sie gebetet. Wir wissen einfach nicht, warum manches so kommt, wie es kommt, aber wir stehen an den steinigen Küsten des Lebens und beten weiter, denn Beten verändert den Beter genauso wie die Menschen, für die er betet. Tatsache ist: Gott ist dabei, uns für sein Reich zu prägen und zu formen. Und das ist das allergrößte Wunder.

Im Zweiten Weltkrieg kritzelte eine jüdische Mutter, die die Nazis von ihrem Sohn getrennt hatten und in ein KZ brachten, folgende Worte auf die Wand des Güterwagens: »Ich bin Hanna. Mein Sohn ist Ari. Wenn ihr ihn seht, gebt ihm Bescheid.« Es war vielleicht ihr letzter Hilferuf an die Welt und zu Gott. Der Wagen steht heute in Jerusalem. Und in einem Gebäude, in dem Juden sich versteckt hielten, stand an der Wand:

Glaube an die Sonne, auch wenn sie nicht scheint.
Glaube an die Liebe, auch wenn sie sich nicht zeigt.
Glaube an Gott, auch wenn er schweigt.

Auch dies ist ein Gebet – um Mut, Hoffnung, Glauben. Wurde es erhört? Wird es immer noch erhört?

Ein kleiner Junge betete: »Lieber Gott, pass gut auf die ganze Welt auf. Und bitte, Gott, pass auf dich selber auf, sonst sind wir alle geliefert!«

Jeden Tag erhört Gott dieses Gebet und Millionen andere. Manche Menschen denken, dass ihre Gebete auf taube Ohren gestoßen sind, aber das stimmt nicht. Es braucht Glauben, darum zu wissen. Glaube ist die Fähigkeit, mein Licht leuchten zu lassen, obwohl die Sicherung durchgebrannt ist. Glauben heißt, mit den Augen meines Herzens das Licht zu sehen, wenn die Augen meines Körpers nur Finsternis sehen.

Im treuen Gebet umarmen wir nicht nur die Menschen, die wir lieben, sondern auch Gott und sein Reich. Wir suchen Zuflucht. Wir sind unterwegs zu einem Ziel. Gott ändert die Welt durch unser beharrliches Gebet. Trauer schaut zurück, Sorgen schauen nach links und rechts, der Glaube schaut nach oben. Sie sind ein Kind Gottes. Fliegen Sie los!

Kopf hoch!

... seid getrost, ich habe die Welt überwunden.
(Johannes 16,33, Luther)

Zum Beten

Lieber Gott, ich habe nur ein kleines Herz für all meine Lasten, aber ich will es dir jeden Tag im Gebet bringen. Bitte gebrauche du meine Tränen und mein Lachen, meine Liebe und mein Mitleid, um einem Menschen durch diesen Tag hindurchzuhelfen. Amen.

Freude geben macht Freude

*Auch wenn dein Leben voller Kakteen ist –
darauf sitzen brauchst du nicht!*

Die Experten versichern uns, dass sowohl gute als auch schlechte Neuigkeiten Stress erzeugen. Eine Beförderung, Verlobung oder ein Lottogewinn katapultiert mich genauso in die Stress-Zone wie Arbeitslosigkeit, Scheidung oder Bankrott. Aber egal, ob »guter« oder »schlechter« Stress – mit wichtigen Entscheidungen wartet man besser, bis die Wogen sich wieder geglättet haben. Auch wenn du ein Freudenfest feierst – versprich lieber nicht zu viel ...

Stress bringt Verwirrung. Man ist wie betäubt. Er beansprucht unsere inneren Energien gerade so wie ein Flug nach Australien. Und er testet unseren Charakter. Keine Frau weiß, was sie wirklich kann, bis sie auf der Autobahn wegen Benzinmangel liegen geblieben ist, einen Ratenkauf getätigt hat oder einen Teenager erzogen hat. Ja, der Stress ist überall. Die Menschen kriegen ihn, weil sie wissen, dass heute das Morgen ist, vor dem sie gestern Angst hatten – nur noch viel schlimmer!

Wer eine Diät halten muss, weiß, was Stress ist. Wie jemand sagte: »Jetzt halte ich seit zwei Wochen meine Diät und habe bloß vierzehn Tage verloren.« So etwas ist selbst auferlegter Stress. Haben Sie schon von der neuen chinesischen Diät gehört? Man kann so viel essen, wie man will, aber darf nur ein Stäbchen benutzen. Aber auch wer keine Diät hält, weiß, was Stress ist. Wie die Frau, die T-Shirts sammelte und die von einer Freundin gefragt wurde: »Wo hast du denn das T-Shirt gelassen, das du aus New Orleans mitgebracht hast und wo draufsteht: ›Das Leben ist kurz. Iss zuerst den Nachtisch‹?« Die Frau erwiderte mit verbiesterter Miene: »Das hab ich verschenkt, das war zu eng geworden!«

Auch zu viel oder zu wenig Geld kann Stress verursachen, so die Experten. (Die meisten von uns kennen wohl eher das Zweite.) Kennen Sie die Geschichte von der jungen Frau, die Gott fragt, wie lange eine Million Jahre für ihn sind? Gott antwortet: ›Für mich sind eine Million Jahre so viel wie für dich eine Sekunde.« Darauf fragt die Frau, wie viel für Gott eine Million Dollar sind. Er sagt: »So viel wie ein Penny für dich.« Die junge Dame holt tief Luft und fragt: »Lieber Gott, könntest du mir einen Penny schenken?« Worauf Gott lächelt und sagt: »Sicher. Warte eine Sekunde!«

Was passiert, wenn ich meine, gut im Rennen zu liegen, und prompt überholt mich jemand? Was mache ich mit diesem Stress? Erinnern Sie sich noch an die kleinen gelben Lächel-Aufkleber, auf denen »Smile« stand? Eine Zeit lang waren sie aus der Mode, weil die Leute sie blöd fanden. Doch inzwischen hat die Forschung gerade das Gegenteil herausgefunden: Auch wenn uns gar nicht nach Lächeln zumute ist, hebt Lächeln unsere Laune und verringert den Stress. In einer Studie mussten Versuchspersonen einen Kugelschreiber zwischen den Zähnen halten. Diejenigen, die die Anweisung bekamen, den Kugelschreiber nicht mit den Lippen zu berühren (und die daher zwangsläufig lächeln mussten), gaben an, in besserer Stimmung zu sein als die, die ihre Lippen geschlossen hielten. Versuchen Sie es selber!

Oder lutschen Sie ein Pfefferminz! Der Geruch wirkt auf die gleichen Nerven, die auf Riechsalze reagieren; wir werden wacher und leistungsfähiger. Vanille dagegen wirkt beruhigend und ausgleichend. Sie finden diese Gerüche in allen möglichen Gesichtswassern, Dusch- und Badezusätzen usw. Aber der beste Anti-Stress-Rat ist dieser: Ich kann dem Leiden nicht immer ausweichen, aber ich muss es nicht schlucken. Schmerz und Not kommen in jedes Leben, aber wir brauchen uns nicht davon unterkriegen zu lassen. Wie der Stress meines Lebens auf mich wirkt, hängt nicht zuletzt von meiner Einstellung ab.

Stress – das ist ganz einfach innere Luftverschmutzung. Jemand hat Stress einmal als das Durcheinander definiert, das in uns entsteht, wenn unser Geist das dringende Bedürfnis unseres Körpers, jemandem, der es verdient hat, eine tüchtige Abreibung zu verpassen, blockiert. Bekämpfen Sie dergleichen Zustände durch eine positive Einstellung! Halten Sie Ihren Geist beweglich. Akzeptieren Sie, was Sie nicht ändern können, und grübeln Sie nicht über Ihre Fehler (oder die Ihrer Mitmenschen) nach. Erleichtern Sie Ihr Herz, indem Sie es einem guten Freund ausschütten. Machen Sie einen Mittagsschlaf oder Spaziergang. Seien Sie ruhig einmal albern, bringen Sie eine Nachbarin zum Lachen, spielen Sie einen

Streich, gönnen Sie sich eine verrückte Überraschung. Ein fröhliches Kichern ist das Niesen der Seele.

Die Experten sagen uns auch, dass man, um mit einem Stress-Ereignis fertig zu werden, mindestens vier positive Erlebnisse braucht. Nun kann man positive Erlebnisse nicht backen, und so besteht die beste Methode, mit all dem Negativen fertig zu werden, darin, dass man Gründe findet, dankbar zu sein. Ruinieren Sie sich Ihr Heute nicht damit, dass Sie die Gelegenheiten von morgen mit dem Schrott von gestern zuschütten!

Letztlich hat der am meisten vom Leben, der das Beste aus dem macht, was das Leben ihm bringt. Bleiben Sie cool. Und wenn Sie das nächste Mal in Stress kommen, versuchen Sie, einmal etwas richtig Nettes zu tun. (Blumen und Schokolade sind nie falsch.) Gott hat verheißen, unseren Stress in Segen zu verwandeln. Haben Sie Geduld. Und dann wählen Sie: Was will ich pflücken: einen Strauß Enttäuschung, Einsamkeit, Versagen – oder Gnade, Liebe und Freude? Noch geht die Welt nicht unter, und wir müssen unseren Alltag bestehen lernen. Und nicht vergessen: Es kann Sie keiner auf die Palme bringen, wenn Sie eine Eiche gepflanzt haben!

Kopf hoch!

Denn alles, was von Gott geboren ist, überwindet die Welt; und unser Glaube ist der Sieg, der die Welt überwunden hat.
(1. Johannes 5,4, Luther)

Zum Beten

Lieber Gott, alle scheinen so gestresst zu sein heutzutage, dass ich nicht weiß, an wen ich mich wenden soll in meinen Schwierigkeiten. Aber ich weiß, dass du für mich da bist. Bitte, Herr, gib mir genügend Kraft, nicht nur meine eigenen Probleme zu bewältigen, sondern auch meinen Mitmenschen bei ihren zu helfen. Amen.

Bärenstark

Tragen Kamikaze-Piloten eigentlich Sturzhelme?

Ich bin als Draufgängerin aufgewachsen. Für mich sind Erfolg und Risiko immer Hand in Hand gegangen. Mein Motto ist, dass Menschen, die in einer gefährlichen Welt sind, gefährlich leben sollten. Nein, ich möchte nicht dem Leichtsinn das Wort reden, aber wir sollten auch nicht ängstlich auf Nummer sicher gehen, sodass unser Leben langweilig und unser Geist träge wird.

Die meisten von uns werden täglich mit Warnungen bombardiert: Schnall dich an, halt dich fest, Vorsicht, Schlaglöcher. Wir brauchen Vorsorgeuntersuchungen, Zahnarzttermine und den Urlaubs-Check für das Auto, Krankenversicherung, Unfallversicherung, Lebensversicherung, Kaskoversicherung, Hausratversicherung, Pflegeversicherung. Und so weiter und so fort. Wenn wir auf sämtliche Stimmen hören würden, wir würden jede Minute unseres Lebens damit verbringen, Vorsorge gegen alle möglichen und unmöglichen Katastrophen zu treffen.

Ich glaube, vielleicht leben wir länger, wenn wir aufhören, alles Mögliche zu tun, um länger zu leben. Ich kannte einen, der ewig leben wollte. Er war Vegetarier und Nichtraucher und zog aufs Land, wo es frische Luft, sauberes Wasser und keine Industrieabfälle gab. Er starb mit nur 38 Jahren bei einem Autounfall. Die eigentliche Tragödie ist nicht, dass das Leben so bald vorbei ist, sondern dass wir so lange damit warten, es zu beginnen.

Das Leben *ist* gefährlich. Wir sind alle Kamikaze-Piloten, wir werden alle sterben. Sollen wir Sturzhelme tragen? Ich weiß nicht, wie es bei Ihnen ist, aber ich weigere mich, strikt auf Nummer sicher zu gehen. Ich will so viel Freude und Gutes wie möglich abwerfen, bevor mein letztes Stündlein kommt. Das beste Leben, das wir leben können, ist eines, in dem wir Verwandten, Freunden und Fremden bedingungslose Liebe zeigen; den Glauben stärken, ohne dem Lachen die Tür zu weisen; das Evangelium und Jesu Liebe in das Leben der Menschen tragen, denen wir begegnen.

»Du kannst rauskommen, ich habe die Fledermaus vertrieben.«

Das Beste, was wir machen können, ist, bis zu unserem Tod ein Leben zu leben, das mutig und wahr ist und Spaß macht. Vielleicht habe ich deswegen die lustigen Bären auf mein Briefpapier getan. Ich verschicke so viele Aufmunterungszeilen an Menschen, die durch lange, dunkle Tunnel in ihrem Leben gehen. Die Bibel fordert uns auf, einander zu ertragen (Kolosser 3,13) und die Lasten des anderen zu tragen (Galater 6,2) – und das englische Wort für »Tragen« *(bear)* klingt genauso wie das englische (und deutsche) »Bär« (bear). Und so umarmen sich auf meinem Briefpapier zwei Bären, und darunter steht als Motto: »Dein Leid weg umarmen kann ich nicht – aber ich denke an dich.« Ich hoffe, diese Bären erinnern meine Briefempfänger daran, dass nichts in dieser gefährlichen Welt unerträglich ist, denn Gott hat uns versprochen, uns nicht mehr aufzuerlegen, als wir tragen können (1. Korinther 10,13). Sich sorgen nimmt dem morgigen Tag nicht seine Last, sondern nur seine Kraft. Lassen Sie sich Ihr Gottvertrauen von niemandem nehmen. Lesen Sie sein Wort. Ergreifen Sie seine Hand. Er wird das Unmögliche möglich machen und Ihr Leben mehr als nur erträglich.

Kopf hoch!

Denn er hat seinen Engeln befohlen, dass sie dich behüten auf allen deinen Wegen, dass sie dich auf den Händen tragen …
(Psalm 91,11-12, Luther)

Zum Beten

Lieber Herr, dein Sohn hat gefährlich gelebt, damit ich das Leben in Fülle habe. Hilf mir, dieses Leben voll auszuleben und mich gerne den Risiken zu stellen, die du mir in den Weg legst. Amen.

»Ich versteh nur ›Zirkus‹ und ›Kanone‹.«

Das grosse Freudenzimmer im Himmel

Hausarbeit? Na klar! Ich putze täglich meine Brille.

Wenn ich nicht unterwegs bin, bin ich vor allem mit der Post und dem Telefon beschäftigt. Die an unser Hilfswerk Spatula Ministries eingehende Post holen wir in großen rechteckigen Behältern am Postamt ab. (Unser Postfach müsste eigentlich Post*fass* heißen; »Fach« ist viel zu klein für das Riesending, in dem die Post an uns landet.) Ich versuche, auf die Briefe mit einem Telefonanruf zu antworten, weil das so viel schneller geht. Während ich telefoniere, sitze ich auf einem Heimtrainer in meinem »Freudenzimmer« – einem Raum, der voll gestopft ist mit all den lustigen Sachen, die ich im Laufe der Jahre gesammelt oder geschenkt bekommen habe: Plaketten, Spielzeuge, Hüte, Krimskrams, alles Mögliche. An der Wand gegenüber meinem Heimtrainer prangt eine große Karte der USA, auf der ich meine Strampelleistung abhake, indem ich alle 25 Meilen eine blaue Nadel einstecke. So kann ich im Geist durch das ganze Land fahren, während ich meine Telefonate erledige.

Mein Leben ist voll von Menschen, gerade so wie früher, als ich Hausfrau war und vier Jungen aufzog. Ich gewöhnte mir damals an, den ersten Tag jedes Monats freizunehmen, als Tag ganz für mich selber. Ich tue dies heute noch, und es hilft mir, das richtige Augenmaß im Leben zu behalten. Ein Tag im Monat gehört mir – das hält mich frisch und motiviert.

Aber auch bei mir gibt es Tage, wo die Welt grau aussieht. Ich habe es gelernt, an diesen Tagen bestimmte Dinge zu meiden: zum Beispiel auf die Waage gehen, traurige Musik hören, zum Friseur gehen, eine Pralinenschachtel anbrechen oder einen Badeanzug kaufen. Stattdessen versuche ich ganz bewusst, mich aufzumuntern, und die beste Methode ist hier, dass ich das Virus der Freude weitergebe. Andere Leute mit Freude anstecken, sodass sie die große Lacheritis bekommen – ein besseres Anti-Depressions-Mittel gibt es nicht.

Das ist bei mir ein richtiges Hobby geworden. Manchmal erfinde ich verrückte Aufkleber, so nach dem Strickmuster: »Vermisse meinen Mann und meinen Hund. Belohnung für den Hund.« Oder ich kreiere aufmunternde Karten. Wie meine Freundin Faye Angus sagt: »Wir können nicht alle Sterne sein, aber wir können alle leuchten.« Oder ich rufe eine Freundin an und stelle ihr tiefgründige Fragen:

- Wie nennt man eine Fliege ohne Flügel? »Krieche«?
- Kann ein Ballon die Platzangst kriegen?
- Was sagt ein Tausendfüßer, der Schuhe zu Weihnachten geschenkt bekommt?
- Muss die Spritze steril sein, wenn einer eine tödliche Injektion bekommt?

Frauen lieben Witze über Diät, das Älterwerden und die Männer (jene Geschöpfe, die Gott uns gab, damit wir immer etwas zum Lachen haben). Für mich sind dies Lieblingsthemen geworden. Wenn ich auf Reisen bin, kombiniere ich alle drei Themen, indem ich versuche, nicht die ganze Hotelspeisekarte auszunutzen, Terminpläne einhalte, die für Zwanzigjährige gedacht sind, und meinen Mann, Bill, an meiner Seite habe. Wir haben beide gelernt, über Pannen zu lachen – das Leben ist nie so, wie es im Programm steht.

Ich habe es mir zur Gewohnheit gemacht, aus jedem Tag so viel Spaß und Liebe herauszuholen, wie ich kann. Wenn Sie nicht wissen, wie Sie das anfangen sollen, wenn Sie das nächste Mal down sind, versuchen Sie einfach dieses:

7.00 Uhr: Aufstehen, ab ins Bad, anziehen, frühstücken.
8.00 Uhr: Schön lächelnd im Büro erscheinen.
10.00 Uhr: In der Frühstückspause Geleebonbons mit verrückten Geschmäckern verteilen.
12.00 Uhr: Eine Freundin zum Mittagessen einladen.
14.00 Uhr: Den Mann, ein Kind oder eine Freundin anrufen und sich fürs Wochenende verabreden.
16.00 Uhr: Einen Blumenstrauß für die Nachbarin bestellen.
18.00 Uhr: Kerzen auf den Esstisch stellen und schöne Musik auflegen.
20.00 Uhr: Eine lustige Karte zeichnen und der Tante oder Mutter schicken.
22.00 Uhr: Unter der Dusche das Lieblingskirchenlied trällern, noch eine Verheißung aus der Bibel auswendig lernen, das Licht löschen.

Sobald dieser Stundenplan hinreichend sitzt, können Sie ihn mit allen möglichen komischen Einlagen auffüllen. Studieren Sie, was die Menschen zum Lachen bringt; lernen Sie die Kichersprache. Das Wichtigste ist, dass Sie anfangen. Und nicht aufgeben. Seien Sie freundlich, gehen Sie auf die anderen zu. Es gibt zwei Methoden, einen Raum zu betreten: »Hallo, hier bin ich!« Und: »Ah, da bist du ja!« Die Leute mögen Menschen, die sie mögen. So einfach ist das.

Mit die beste Art, einem Leidenden zu helfen, ist das Zuhören. Aber Zuhören ist so viel schwerer als Reden, und nur wenige beherrschen es gut. Doch ein guter Zuhörer ist nicht nur ein gefragter Mensch, mit der Zeit wird er auch ein weiser Mensch.

Mutter Teresa hat einmal gesagt, dass die große Tragödie des Lebens nicht Hunger oder Krankheit ist, sondern das Gefühl, nicht erwünscht zu sein. Und dies ist nicht nur in Indien so, sondern auch bei uns im Westen. Überall sind Menschen, die einsam sind und niemanden haben. Halten wir auf unserer Lebensfahrt inne, um den Menschen in die Augen zu sehen, ein liebes Wort zu sagen, ihnen zum Lachen zu verhelfen! Sagen wir ihnen, dass das Leben leichter ist, als sie denken: Man muss bloß das Unmögliche annehmen, auf das Notwendige verzichten, das Unerträgliche tragen und für alles ein Lächeln haben!

Kürzlich übernachteten Bill und ich in einer wunderbaren alten Pension, die voller Antiquitäten war. Neben unserem Bett hing eine Art Stock mit einem Blasebalg an dem einen Ende. Die Wirtin erklärte uns, dass das ein Bettaufschütteler war. Wenn man ihn unter den Bettbezug schob und ein paar Mal pumpte, wurde das Federbett weicher. Vielleicht brauchen wir das: einen Aufschütteler für unsere in sich zusammengefallene Welt, in der wir viel zu lange einander platt gedrückt haben.

Versuchen Sie es. Schütteln Sie Ihr Leben auf. Oder stellen Sie sich vor, Sie sind ein Stern – und dann gehen Sie zu einem Ihrer Mitmenschen und strahlen Sie ein Loch in seine Dunkelheit!

Kopf hoch!

Ich möchte, dass sie alle Mut bekommen und in Liebe zusammenhalten und dass sie zur ganzen reichen Fülle des Verstehens gelangen und Gottes Geheimnis begreifen, nämlich Christus. In ihm sind alle Schätze der Weisheit und Erkenntnis verborgen.
(Kolosser 2,2-3)

Zum Beten

Lieber himmlischer Vater, dein Reich wird sicher wie ein großer Freudensaal sein, wo wir alle mit dir zusammen sind. Bis es so weit ist, hilf mir, das Brot der Freude und des Lachens über die Wasser dieser Welt fahren zu lassen. Ich liebe dich und warte voller Spannung auf die Abenteuer, in die du mich schicken wirst. Amen.

Die grosse Flickendecke

Ich liebe dich mehr als gestern –
da bist du mir echt auf die Nerven gegangen!

Ich stelle mir meine Familie gerne als eine große, schöne Flickendecke vor; jeder von uns ist anders, aber der Faden der Liebe und des Lebens hält uns zusammen. Wir sind weich und glatt oder rau und dick, hell glänzend oder still gedämpft. Und wenn ein Flicken verschlissen ist, halten die anderen die Decke doch zusammen.

Flickendecken erzählen Geschichten. Wie viele Frauen haben an ihnen gearbeitet, sie von einer Generation zur nächsten weitergegeben? Der blaue Fleck da stammt vielleicht von der Tasche von Urgroßmutters Kleid, das winzige rosa Stückchen von der Bluse einer Tante, die an den Pocken starb, die kleinen Cord-Dreiecke von den Baseball-Hosen von Großonkel John, der sich als Erster für dieses neumodische Spiel begeisterte. Was machte die Familie, als die Flickendecke entstand? Fuhr sie gerade in einem Wagentreck nach Kalifornien, saß sie vor einem Kohlenfeuer in den Appalachen?

Solche Familiendecken sind ein »Ja« zu Vergangenheit, Gegenwart und Zukunft. Sie geben uns Geborgenheit mit ihrer Wärme, sie trösten uns mit Erinnerungen an schwere Zeiten, die doch gut wurden.

Generationen von amerikanischen Müttern und Großmüttern haben ihren Töchtern an ihrem Hochzeitstag so eine Familiendecke geschenkt, als Zeichen der lebendigen Geschichte der Familie, in der der Faden des Lebens immer weitergeht, von Alt nach Jung.

Manchmal träumen wir davon, wie wir unsere Familiendecke gerne hätten. Diese Farben, jenes Muster und dieses Garn muss es sein! Die schönste Decke der Welt, eine, die sonst keiner hat. Und wir fangen an. Aber dann kommt das Leben, und alles wird anders. Wir verlieren dies und finden dafür jenes. Dieses Stück passt nicht, ein anderes muss her. Die Fäden verheddern sich, und wir müssen sie abschneiden – oder in das Muster einarbeiten. Die Decke, die uns vorschwebte, ist nicht die, die wir auf unserem Schoß halten. Sie wird ganz anders. Das Wunderbare an einer Familie ist, dass wir letztlich alle voneinander und von Gott abhängen, miteinander verwoben durch die Gnade, die wir empfangen und weitergeben.

Manchmal will sich kaum ein Muster erkennen lassen in der gelebten Familiendecke. Aber die Krisen, die unser Leben prägen, helfen uns, einander mehr zu lieben. Die krummen Ecken meines Lebens haben mir manche Wahrheit beigebracht, die ich in meine Flickendecke eingenäht habe. Zum Beispiel, dass die richtige Temperatur im Haus von einem warmen Herzen kommt und nicht von einem hitzigen Kopf. Oder dass es viel zu viel Arbeit ist, jemandem etwas nachzutragen.

Die Amischen fügen immer ein »fehlerhaftes« Stück in ihre Decken ein, zum Zeichen dafür, dass nichts vollkommen ist. Eine tolle Idee, von Menschen, die einfach und erdverbunden leben. Die Flickendecken der Amischen sind hoch geschätzte Kunstwerke, jede anders, jede wertvoll.

Wenn wir so eine warme Familiendecke machen können – vielleicht können wir dann auch einen Kokon weben, aus dem einmal ein Schmetterling schlüpfen kann? Nähen wir weiter, während wir auf den Himmel warten, mit dem Faden der Liebe und Freundlichkeit, an der Decke, die nur wir schaffen können.

Kopf hoch!

Trachtet zuerst nach dem Reich Gottes und nach seiner Gerechtigkeit, so wird euch das alles zufallen. (Matthäus 6,33, Luther)

Zum Beten

Lieber Herr, ich danke dir für die Flickendecke meiner Familie. Mit ihren vielen Mustern und ausgefransten Rändern und hellen Farben ist sie das Schönste, was ich je gesehen habe. Danke für jeden Menschen, den du mir gegeben hast. Danke, dass wir zusammengehören. Bitte segne uns, Herr, jeden Einzelnen. Amen.

Gib deine Freude weiter

Deine Lebensphilosophie steht in deinem Gesicht geschrieben.

»Herr, mache mich zu einem Nagel an der Wand ...« So begann das Gebet einer Frau. Ein Nagel. Ganz gewöhnlich und klein. »Und dann«, fuhr sie fort, »hänge dein Bild daran.« Sie betete darum, dass die anderen in ihr Jesu Antlitz sahen.

Als ich kürzlich unterwegs nach Yucaipa in Kalifornien war, um auf einer Frauenfreizeit zu sprechen, begann ich darüber zu klagen, wie satt ich es hatte, immer wieder meine Geschichte zu erzählen. Meine Freundin Lynda, die mitfuhr, hörte mir zu. Ich sagte ihr, wie schwer es war, immer wieder und wieder dieselben schrecklichen Einzelheiten zu beschreiben: wie zwei meiner Söhne ums Leben gekommen waren, wie der dritte in die Schwulenszene verschwand, wie mein Mann seinen schweren Unfall hatte. Ich fühlte mich nicht in der Lage, Freude zu verbreiten an diesem Tag. Ich war ausgebrannt, erschöpft, leer.

Da tauchte vorne neben der Straße ein riesiges Plakat auf. In drei Meter hohen Lettern stand geschrieben: »GIB DEINE FREUDE WEITER« – eine Werbung für eine Kirche in der Gegend. Der Satz traf mich wie der berühmte Blitz. Ich hatte keine Lust gehabt, meine Geschichte noch einmal zu erzählen, noch einmal die Freude weiterzugeben, die ich gefunden hatte, als ich lernte, das anzunehmen, was Gott mir schickte. War es ein Zufall, dass dieses Schild just in diesem Augenblick auftauchte? War das nicht ein Wink Gottes, treu zu sein?

Lynda lachte los: Da hatte Gott uns aber echt zugehört! Die Freizeit wurde ein voller Erfolg. Ich war voller Kraft, und es gab jede Menge Freude. Viele Frauen kamen nach vorne, um für sich beten zu lassen, einige übergaben sogar Christus ihr Leben. Dadurch, dass ich mein Leben und die Freude, die Gott in mich hineingelegt hatte (so tief, dass ich kaum noch wusste, wo sie war), mit den anderen geteilt hatte, hatte Gott meine eigene Freude wiederhergestellt.

Indem ich auf das Rednerpodium trat und das tat, wozu Gott mich berufen hatte, wurde ich zu einem Nagel an der Wand des Reiches Gottes. Verglichen mit vielen anderen Glaubensgeschichten und natürlich mit der Geschichte Jesu selber ist meine Geschichte reichlich unbedeutend. Aber ich entschied mich dafür, fest an seiner Wand zu bleiben und sein Bild festzuhalten. Und das können Sie auch.

Verstehen Sie mich nicht falsch. Gott spricht nicht jeden Tag durch ein Riesenplakat an der Landstraße zu mir. Er zoomt mich nicht jedes Mal, wenn ich mich müde und kaputt fühle, in sein Tele-Objektiv hinein. Der Alltag meines Lebens besteht daraus, mich ins Auto oder das nächste Flugzeug zu setzen, auf das nächste Podium zu steigen und treu Jesu Bild festzuhalten – ob mir danach zumute ist oder nicht. Aber genau darin liegt ja das Geheimnis! Wenn wir treu das tun, was gerade anliegt, dann kommt die Freude, und sie wächst und wächst, bis sie uns – zack! – auf die Nase trifft wie ein Bumerang. Sie wird ein »Halleluja« auf der Chor-Empore unseres Geistes. Freude ist ein Schatz, der sich durch Teilen vermehrt.

Treten Sie nie von Gottes Ruf an Sie zurück. Zu oft erwarten wir, dass jemand anderes für uns einspringt. Wir sind zu müde, zu alt, zu beschäftigt; es wird Zeit, dass mal jemand anderes den Job übernimmt – meinen wir. Aber Tatsache ist doch, dass jemand anderes viel zu lange schon viel zu viel am Hals hat! Es ist Zeit, dass *wir* aufstehen und die Last tragen helfen. Geben wir unsere Gaben, unsere Geschichte, unser Leben! Drehen wir den Korb um und schütteln die letzten Krumen heraus, kippen wir den Eimer voll aus, leeren wir unsere Taschen, total! Morgen oder übermorgen oder am Tag danach werden wir mehr haben als je zuvor! Hören wir nicht auf, unsere Freude weiterzugeben!

Kopf hoch!

Ich bin ganz sicher: Gott wird das gute Werk, das er bei euch angefangen hat, auch vollenden bis zu dem Tag, an dem Jesus Christus kommt. (Philipper 1,6)

Zum Beten

Herr, wenn meine schwarzen Tage kommen, dann hilf mir, nicht aufzugeben oder mich zu verdrücken. Es sind Menschen da, die darauf warten, dein Antlitz zu sehen, deine Treue zu spüren, deine Freude zu erfahren. Mache mich zu einem Nagel für dein Bild. Hier hast du mein Zögern und, ja, meinen Unglauben. Nimm es weg und hilf mir, Freude zu verbreiten! Amen.

Die kleinsten Bumerangs

Manchmal braucht es nur einen kleinen Funken Freundlichkeit, um in einem Herzen, das der Schmerz blind gemacht hat, das Licht der Hoffnung wieder anzuzünden.

Es war Freitagabend. Tausende von Frauen strömten in das Konferenzzentrum der Stadt, zur Eröffnungsveranstaltung des »Reise zur Freude«-Wochenendes. Die Wandelgänge um den großen Saal herum waren überfüllt, und immer noch kamen mehr. Es war nicht üblich, dass die Büchertische der Gastredner in diesen Gängen aufgestellt waren, aber in diesem Gebäude war sonst nirgends Raum.

Man hätte meinen sollen, dass es gut für das Geschäft war, dass alles an unseren Tischen vorbei musste, aber Bücher kaufen war das Letzte, was diese Frauen momentan im Sinn hatten. Sie wollten zu ihren Plätzen, bevor das Auditorium verdunkelt wurde und der Abend begann. »Irrenhaus« war gar kein Ausdruck für dieses langsam vor sich hinwälzende Chaos. Es war ein einziger, urgewaltiger Strom von Gesichtern, die alle auf die Leuchtschilder über den ins Auditorium führenden Türen geheftet zu sein schienen.

An meinem Büchertisch waren meine Schwiegertochter Shannon und zwei andere Freundinnen dabei, die kleinen bunten flachen Murmeln auszuteilen, die ich »Freudenkleckse« nenne, komplett mit einer Karte, die erklärte, dass sie als Erinnerung an Gottes Segen auch im Leid gedacht waren. Shannon lächelte ihr breitestes Lächeln und rief in die Menge hinein: »Möchten Sie ein Stück Gratisfreude?« Die meisten Frauen sagten mechanisch »Danke!« und nahmen die Murmel, ohne ihren Schritt zu verlangsamen.

Dann sah Shannon eine ganze Kette von Frauen, die sich alle an den Händen hielten und wie eine Python im Urwald langsam durch die Menge schlängelten. Als sie unseren Büchertisch erreichten, rief Shannon: »Brauchen Sie einen Klecks Freude?«

Nur eine der Frauen hörte es. Ihr Kopf schnellte hoch, als habe jemand ihren Namen gerufen. Ohne in ihrem schleppenden Gang innezuhalten oder den fixierten Ausdruck ihres Gesichts zu ändern, ließ sie die Frauenkette mit der einen Hand los, hielt Shannon ihre Hand gerade lange genug hin, um die Murmel entgegenzunehmen, und packte wieder die Hand ihrer Nachbarin, um weiterzugehen.

Am nächsten Tag kam eine andere Frau aus der Kette zu unserem Büchertisch und fragte Shannon, ob sie eine Murmel haben konnte. Wir hatten leider keine mehr. »Oh, das macht nichts«, sagte die Frau. »Nur eine aus unserer Gruppe hat eine gekriegt, aber irgendwie hat Gott dafür gesorgt, dass es genau die war, die es echt nötig hatte.«

»Wie meinen Sie das?«, fragte Shannon.

»Als wir noch im Bus saßen, kamen wir überein, uns auf dem Weg in den Saal an den Händen zu halten, damit keine von uns in dem Trubel verloren ging. Wir waren zu dreißig, aber keine von uns hat Ihren Büchertisch bemerkt. Wir hörten auch nicht Ihren Spruch über einen Klecks Freude. Aber als wir uns gesetzt hatten, öffnete die Jüngste von uns – sie heißt Sharon und ist riesig nett – ihre Hand und zeigte uns den kleinen Glitzerstein. Sie sagte, sie hatte plötzlich den Eindruck, dass jemand ihren Namen rief und fragte: ›Brauchen Sie einen Klecks Freude?‹ Und dann bekam sie diese Murmel in die Hand gedrückt. Erst hat Sharon glatt gedacht, ein Engel habe ihr das Ding gegeben.«

Shannon lachte herzlich, dass jemand sie für einen Engel gehalten hatte.

Die Frau fuhr fort: »Das Verrückte ist, dass ausgerechnet Sharon die ist, der es gerade am dreckigsten geht. Ihr Herz ist gebrochen. Dies hier ist das erste Mal, dass sie von zu Hause weg ist, seit ihr Baby vor ein paar Wochen starb. Wir hatten alle gebetet, dass Gott etwas schicken möchte, um ihren Schmerz zu stillen, und irgendwie ist dieser kleine Freudenstein wie eine innere Vitaminspritze für sie gewesen. Zum ersten Mal, seit wer weiß wie lange, hat sie wieder gelacht, und man sieht ihr an, dass sie wieder hoffen kann. Diese kleine Murmel hat uns alle gesegnet.«

Als die Frau sich umdrehte, um wieder zu gehen, kam der Segen dieser Murmel als Bumerang zu Shannon zurück. Und als Shannon mir diese Geschichte weitererzählte, kam der Bumerang zu mir.

Kopf hoch!

Es ist aber der Glaube ... ein Nichtzweifeln an dem, was man nicht sieht. (Hebräer 11,1, Luther)

Zum Beten

Herr, nichts kann mich von dir trennen, ja manchmal sehe ich dich am deutlichsten, wenn ich etwas anderes verloren habe. Ich liebe dich, ich möchte ganz nah an deiner Seite sein. Lass mich so leben, dass ich deine Freudenkleckse im Glauben annehmen kann. Amen.

Gib Gottes Liebe weiter

Geheimnisse des Lebens: Wie kann man von zwei Pfund Pralinen fünf Pfund zunehmen?

Wenn John Harrison morgens aufwacht, kann er es kaum erwarten, um halb acht zur Arbeit zu fahren. Er ist 55, aber denkt kein bisschen an Vorruhestand. Harrison ist Geschmackstester bei einem amerikanischen Eiscreme-Hersteller und seit 15 Jahren in seinem Beruf tätig. Er kreierte das erste Eis mit Sahneplätzchengeschmack und arbeitet ständig an der Entwicklung neuer Geschmäcker. Harrison ist erblich vorbelastet; sein Urgroßvater eröffnete zwei Eisdielen in New York. Im Dienst kostet er das Eis nur, aber zu Hause verputzt er seinen Liter pro Woche. »Wer glaubt schon einem dünnen Eiscreme-Tester?«, meint Harrison.

Laut Harrison sind die Geschmacksknospen an unserer Zunge (seine sind mit einer Million Dollar versichert) morgens in Bestform. Er probiert pro Tag 60 Eiscreme-Packungen; macht pro Woche 300. Er prüft, wie sich das Eis auf der Zunge anfühlt und achtet auf ein exakt ausgewogenes Verhältnis von Sahne, Süßstoffen und Geschmacksstoffen. »Glatt und sahnig« muss ein gutes Eis für ihn sein.

»Glatt und sahnig« – wollen wir das nicht alle? Einen Job wie den von Harrison – kreativ und voller Extras. Wir wollen hoch geschätzt sein, wollen Experten sein in allem, was süß ist und schmeckt. Harrison gibt an, während seiner Dienstzeit das Eis nie hinunterzuschlucken, denn sobald man satt ist, sagt er, ist die Sensibilität für die feinen Nuancen und Aromen futsch.

Ist das nicht auch im Leben so? Je mehr wir uns mit materiellen Vergnügungen voll stopfen, desto weniger scheinen wir das Leben genießen zu können. Kennen Sie sie nicht auch, die Menschen, die alles haben – bis auf Freude? Und kennen Sie nicht auch Menschen, die sehr wenig haben, vielleicht von Geldproblemen, Familiendramen und Krankheit gebeutelt sind, aber die schier übersprudeln vor Dankbarkeit und Liebe? Wer auf sein bisschen Glück warten und etwas für es tun muss, genießt es offenbar mehr, weil es für ihn keine Selbstverständlichkeit ist.

Schmecken Sie das Leben, probieren Sie die ganze Fülle seines Aromas? Ein dünner Eiscreme-Tester ist ein Unding, sagt Harrison. Ich würde gerne geistlich etwas pummelig werden, wenn ich dadurch ein lebendiges Beispiel eines Menschen sein könnte, der sich an Gott freut, von seinen Verheißungen lebt und der Welt das Aroma Jesu Christi bringt. Ich würde natürlich aufpassen, nicht zu schnell zu viel zu schlucken, und stets mein Ziel im Auge behalten: dass mein Arbeiten auf dieser Erde Gott Ehre und meinen Mitmenschen Gutes bringt.

Wir können nicht garantieren, dass das Leben immer »glatt und sahnig« ist. Wir können das Problemknäuel im Leben der Menschen nie ganz entwirren. Wir können nicht über Nacht Wunder herbeizaubern. Aber wir können einer dürstenden Seele zu trinken geben, ein einsames Herz lachen machen. Durch das Aroma unseres Lebens können wir anderen einen Vorgeschmack auf bessere Zeiten geben, sodass sie wieder Mut bekommen.

In einer Talkshow über gute Taten im Alltag erzählte eine Frau, wie sie in eine Eisdiele ging und die Bestellung der Dame hinter ihr zahlte. Was die Spenderin nicht wusste, war, dass die Frau hinter ihr das Eis für ihren bettlägrigen Mann kaufte, der unheilbar Krebs hatte. Die schlichte Nettigkeitsgeste rührte die Frau zu Tränen.

Wenn wir wüssten, wie viel Hoffnung unsere Gesten der Freude und Großzügigkeit anderen bringen, ich glaube, wir wären viel freigiebiger mit ihnen. Wo wir Trost und Hilfe geben, anderen ihre Ängste nehmen und ihre Last tragen helfen, kommt die Freude wie ein Bumerang zu uns zurück.

Dieser Bumerangeffekt beginnt in dem Augenblick, wo wir auf eine positive, Leben gebende Art in das Leben eines anderen Menschen hineintreten. Unsere Seele wird erhoben, unser Charakter gestärkt, unser Weg gerader. Wir werden duldsamer, barmherziger, flexibler, weicher. Unsere Ecken und Kanten werden ein Stück abgeschliffen, wir werden »glatter und sahniger«. Jedes Mal, wenn wir einem Menschen etwas Gutes tun, schöpfen wir ein Stück Rahm von der Milch des Lebens ab.

Also los: Erzählen Sie der Verkäuferin in Ihrer Eisdiele einen Witz, spendieren Sie hin und wieder Ihrem Nebenmann eine große Portion. Lachen Sie mit den Kindern Ihrer Nachbarn.

Sagen Sie Ihrer Schwiegermutter oder einem Freund: »Ich mag dich.« Entdecken Sie die Schönheit in einem alten runzligen Gesicht. Hören Sie einem kleinen Kind zu. Vergeben Sie dem etwas unhöflich daherkommenden Fremden. Überhören Sie das Murren eines schlecht gelaunten Ehepartners. Entdecken Sie den Diamanten in dem Steinhaufen.

Wenn alles hoffnungslos erscheint, dann vergessen wir nicht, dass alles einmal vorübergeht. Und wenn Sie das nächste Mal ein Eis kaufen, dann denken Sie daran, wie viel Arbeit und vergnügliche Liebe jemand darin investiert hat, Ihnen diesen Geschmack zu kreieren. Tun Sie dasselbe für Ihre Mitmenschen!

Kopf hoch!

Denn ihr sollt in Freuden ausziehen und im Frieden geleitet werden. Berge und Hügel sollen vor euch her frohlocken mit Jauchzen und alle Bäume auf dem Feld in die Hände klatschen.
(Jesaja 55,12, Luther)

Zum Beten

Danke, himmlischer Vater, dass du mir die Sinne gegeben hast, um das Leben auf dieser Erde zu schmecken und zu genießen. Bitte gib mir ein Auge für die Menschen, die nicht so viel wie ich haben oder die ihre Freude verloren haben. Vergib mir, wo ich dich nur für mich behalten habe. Lass mich deine Liebe weitergeben. Amen.

Die Gnade packen

Ich habe alle meine Krankmeldungen aufgebraucht – gut, jetzt melde ich mich tot.

Wir alle wissen, dass es im Leben manchmal schwierig kommt. Aber hoffentlich nicht so schwierig wie das, was den Mitarbeitern des amerikanischen Entwicklungshilfedienstes Peace Corps im Amazonasbecken blühen kann. Das amtliche Handbuch für die Entwicklungshelfer lässt uns etwas davon erahnen, wie es im wirklichen Leben zugehen kann. Für den Fall, dass jemand von einer Anakonda angegriffen wird (die größte der Boaschlangen; sie ist bis an die 400 Pfund schwer und bis zu zehn Meter lang), formuliert das Handbuch als erste Grundregel: »Nicht weglaufen; die Schlange ist schneller.« Genau wie bei unseren Problemen: Sie sind immer schwerer und schneller als wir.

Das Handbuch fährt fort mit folgender für jede Krise nützlichen Instruktionen: »Legen Sie sich flach auf den Boden, die Arme an den Körper gepresst, Beine zusammen. Ziehen Sie das Kinn ein, während die Anakonda zu schlingen beginnt. *Keine Panik!* Lassen Sie die Schlange Ihre Füße und Fußknöchel verschlingen.« (Nein, dies ist kein Aprilscherz, sondern ein amtliches US-Handbuch!) »Bleiben Sie regungslos liegen, während die Schlange Ihre Unterschenkel verschlingt, was einige Zeit dauern wird. Wenn die Schlange Ihre Knie erreicht hat, langen Sie – langsam und mit so wenig Bewegungen wie möglich – nach Ihrem Messer. Sobald das Tier Ihre Oberschenkel erreicht, führen Sie das Messer vorsichtig seitlich in sein Maul ein und stoßen Sie es darauf ruckartig nach oben, sodass der Kopf abgeschnitten wird.« (Zweite Grundregel: Immer ein Messer dabeihaben!)

Also nicht vergessen in dieser gefährlichen Welt: Schön still liegen bleiben, ja keine Panik – und immer das Messer in Reichweite! (Warum hat mir meine Mutter das nie gesagt . . .?) Apropos Messer: Gott hat uns eine fantastische Geheimwaffe gegeben. Er zeigt uns immer einen Ausweg, selbst wenn wir nur gegen unsere eigene Angst kämpfen.

Diese Waffe heißt Gnade. Sie ist ein so scharfes Messer, dass dem Feind Hören und Sehen vergeht. Wenn Sie merken, wie Ihre Sorgen Sie verschlingen wollen, ist es Zeit, Gottes Gnade zu packen. Gottes Gnadenkraft, um sich festzuhalten. Oder loszulassen. Gnade, um stark zu sein. Oder schwach. Gnade, ein Kämpfer zu sein. Oder eine Prinzessin. Gnade in den Stunden, wo wir sie brauchen.

Wir brauchen Gnade, wenn wir einen Anzug mit zwei Hosen gekauft haben und dann ein Loch in die Jacke reißen. Wir brauchen sie, wenn in unserer Lebensmitte unsere Stirn enger und die Taille breiter wird. Und wenn eines unserer erwachsenen Kinder sagt: »Was soll das heißen – wir reden nicht mehr miteinander? Erst gestern hab ich dir eine Antwort auf das gefaxt, was du auf meinen Anrufbeantworter gesprochen hast!« Packen wir die Gnade, halten wir sie fest, und vergessen wir nicht: Nichts dauert ewig, auch nicht unsere Schwierigkeiten.

Da bat eine Frau ihren Hausbibelkreis darum, für ihren Mann zu beten, der immer seine Socken auf dem Fußboden herumliegen ließ. Ihre Nachbarin sah sie ungläubig an: »Ich habe ein schwaches Herz, einen geistig behinderten Sohn, und mein Mann ist Alkoholiker und wird manchmal gewalttätig. Ein Angestellter, den mein Mann gefeuert hatte, warf einmal einen Molotowcocktail in unser Lagerhaus. Die Waren waren auf Kredit gekauft, und wir waren nicht versichert. Es war das zweitschlimmste Feuer, das unsere Stadt je erlebt hatte. Drei Jahre haben wir versucht, die Schulden abzustottern, dann kam die Rezession und wir mussten Konkurs anmelden. Möchten Sie vielleicht mit mir tauschen?«

Später packte diese zweite Dame die Gnade und sie entschuldigte sich bei der ersten: »Ich weiß ja, es macht Gott keine Ehre, dieses ›Wer hat mehr zu bieten?‹-Spiel, und für Sie war das mit den Socken gerade genug.« Sie fügte hinzu: »Ich habe im Laufe der Jahre eine Menge dazugelernt – meistens zu spät.«

Irgendwie gibt Gott uns die Kraft, mit einem Fußboden voller schmutziger Socken zu leben, einem Alltag voller geplatzter Träume oder einem Dschungel voller Anakondas. Wir alle haben unsere eigene Geschichte, unser eigenes Päckchen. Seien Sie für Ihre Probleme dankbar; wenn sie weniger schwierig wären, würde sie vielleicht jemand anderes kriegen, der nicht Ihre Qualitäten hat! Und nicht zuletzt wird der, der

»Du machst das schon ganz gut. Sobald die Schlange deine Hüfte erreicht, hol dein Messer aus der Hosentasche. – Halt! Hab ich ›Hüfte‹ gesagt? Knie! *Sobald das Vieh deine Knie erreicht!«*

Gottes Gnade packt, selber gnädiger und ist nicht mehr so schnell dabei, andere zu verurteilen.

Jesus hat gesagt: »Und richtet nicht, so werdet ihr auch nicht gerichtet.« (Lukas 6,37, Luther) Jawohl, Leute, es gibt auch einen negativen Bumerang-Effekt, und den sollten wir uns lieber nicht wünschen. Legen wir unseren Mitmenschen keine schweren Lasten auf. Seien wir weise, aber unschuldig, scharfsinnig, aber einfältig. Was immer wir auch tun in unserem Leben, ergreifen wir Gottes Gnade.

Die Mutter, die sagt: »Vor meiner Heirat hatte ich sechs Theorien, wie man Kinder erzieht, jetzt habe ich sechs Kinder und keine Theorien mehr«, hat die Gnade gepackt. Das Zebra, dem die Streifen abfallen und das sagt: »Ich glaub, ich hab Stress«, braucht eine Portion dieser Gnade, und der Mensch, der den Song geschrieben hat: »Ich bin eine Mückenleiche auf des Lebens Windschutzscheibe«, braucht eine doppelte Portion.

Die Probleme kommen und gehen, unsere Gnadenbedürftigkeit bleibt. Die Gnade packen – das erfordert Mut, Besonnenheit und den Willen, weiterzuleben und weiterzulieben und das Beste zu machen aus dem, was wir haben – oder nicht haben. Gott sei gedankt, wir haben Gnade in unserem Herrn Jesus Christus. Ergreifen wir sie, was unsere Not auch ist.

Kopf hoch!

Er wird der Spötter spotten, aber den Demütigen wird er Gnade geben. (Sprüche 3,34, Luther)

Zum Beten

Herr, wieder und wieder habe ich deine Hand in meinem Leben erlebt. Es ist die Hand deiner süßen Gnade – egal, wie sehr ich versage und verpfusche. Deine Gnade rettet die bösen Tage und gibt mir die Kraft, weiterzugehen in die guten. Deine Gnade ist voller Liebe. Danke. Amen.

Der Gott der Veränderung

Nicht nur das Wetter ist veränderlich.

Wenn der Stress zu stark wird, unerwartete Veränderungen kommen oder ich mich zum Platzen fühle, sage ich mir gerne das Gebet um Gelassenheit in der erweiterten Version vor:

> Gott, gib mir (und nicht meiner Schwiegermutter, meinem Kind, dem Nachbarn oder dem Hund) die Gelassenheit (jene stille innere Ruhe), die Dinge anzunehmen (und nicht zu manipulieren oder zu »tolerieren«), die ich (so gerne ich es auch möchte) nicht ändern kann, den Mut (das Vorwärtsgehen im Angesicht der Angst), die Dinge (nicht vergessen: Menschen sind keine Dinge) zu ändern, die ich ändern kann, und die Weisheit (das Wissen, von dem ich nicht weiß, woher es kommt), das eine vom anderen zu unterscheiden (und zum Beispiel zu wissen, wann ich mich nicht einmischen darf).

Ob wir es mögen oder nicht, das heutige Leben ist ein Leben der ständigen Veränderungen, und so sehr ich mich auch als moderne Frau verstehe, manchmal überkommt mich die große Nostalgie. Wie kürzlich bei einer Haushaltsauflösung. Ich kam zeitig an und wanderte durch die Zimmer des alten Hauses, jeden Augenblick damit rechnend, dass die Familie um die nächste Ecke kommen würde. Das Porzellan war noch in den Schränken, die Nippessachen waren noch auf den Regalen. Die Betten waren gemacht, und in offenen Schubladen lag sorgfältig zusammengefaltete Bettwäsche. Im Wohnzimmer, neben dem Fernseher, war ein Stapel Zeitungen, aus dem eine Kinderzeichnung hervorsah. »Von Josh, für Opa«, stand auf dem Bild. Meine Augen füllten sich. Ich sah förmlich, wie Josh auf dem Fußboden spielte, während seine Großeltern auf dem Sofa saßen.

Weitere Interessenten kamen und begannen durch das Haus zu stöbern. In meinem Alter macht man gerne mit seinen Kindern Witze darüber, was sie alles verkaufen werden, wenn man gestorben ist, aber an diesem Tag fand ich das gar nicht komisch. Ich verließ das Haus, ohne etwas gekauft zu haben, und begann darüber nachzudenken, was in der Welt sich *nicht ändert. Ich machte mir eine Liste:*

1. Gottes Liebe.
2. Die Freundschaft seines Sohnes.
3. Die Kraft des Heiligen Geistes.

Ungefähr so weit kam ich. Und mehr war auch nicht nötig.

Wenn Sie so richtig veränderungsgestresst sind, dann strecken Sie sich einfach aus, noch tiefer hinein in Gottes so weit ausgebreitete Arme. Obwohl seine Liebe, Freundschaft und Kraft sich nie verändern, hat er uns mit einer starken elastischen geistlichen Nabelschnur geschaffen, die bei jedem Ziehen länger wird. Er weiß genau, wie weit sie nachgibt. Wenn er uns auffordert, elastisch zu sein, dann weiß er, dass wir es schaffen können. Recken und strecken Sie sich, und Sie werden freudiger durchs Leben gehen und entdecken, dass Gelassenheit nicht nur an den ruhigen Tagen wächst, wenn alles friedlich und wohl bekannt dahinfließt, sondern auch mitten im Fluss, in dem Abenteuer, das mich über meine behagliche Routine hinausträgt.

Es ist immer wieder eine Herausforderung für mich, so über die Wechselfälle in meinem Leben zu erzählen, dass Menschen Hilfe dadurch bekommen. Mein Buch *Lachen steckt an – Weinen macht nass* heißt im englischen Original *Splashes of Joy in the Cesspools of Life* (»Freudenspritzer in den Jauchegruben des Lebens«). Kurz nachdem es erschienen war, lud eine Megakirche in Arizona mich zu einem Vortrag ein. Über Jauchegruben zu sprechen, ist kein ganz sauberes Geschäft, aber als ich an diesem Abend in den Saal trat, war ich ganz weg.

Rosa, gelbe, blaue und weiße Rollen Toilettenpapier waren über den ganzen Raum verteilt. Das Podium war nach vorne züchtig durch einen Luftschlangenvorhang abgedeckt, und auf dem Podium standen drei mit Goldpapier verzierte komplette Toiletten. Jeder der fünfzig Tische im Saal hatte einen großen Gummisauger in der Mitte, der mit rosa Federn, weißen Glasperlen und Schleifen aus Toilettenpapier verziert war. Als die Veranstaltung begann, erhob sich die Leiterin der Frauengruppen und sagte: »Dann mal rein ins Vergnügen, die Damen!« Darauf brachte sie uns ein kleines Lied nach der Melodie

»Jingle Bell Rock« bei: »Spült ihn weg, spült ihn weg, unsern ganzen Dreck ...«

Nach ein, zwei Stunden Singen und Gemütlichkeit (und meinem Vortrag) bekam ich mein Abschiedsgeschenk – eine mit Perlen, Federn und allerhand Glitzerzeug verzierte Klobrille. Mein Mann, Bill, der mir das Ding auf dem ganzen Rückweg treu trug, war das Tagesgespräch des Flughafens.

Dieser kleine Gag erinnerte mich einmal mehr daran, dass wir aus den anrüchigsten Sachen etwas machen können, das wahr und schön ist. Was genau das ist, was Gott tut! Er weiß, dass unser Leben durch Veränderungen reicher wird. Wenn Ihnen Ihre Situation gerade Not macht, dann verzieren Sie sie einfach mit Pailletten und Federn und Goldpapier und nehmen Sie sie als Geschenk an, ganz speziell für Sie. Leben Sie heute, aber halten Sie Ihre Hände für morgen offen. Freuen Sie sich auf die Zukunft und die Veränderungen, die sie bringen wird. In jedem Ereignis, jedem Umstand, jeder Verlegenheit ist ein Körnchen der Liebe Gottes. Bleiben Sie nicht im ausgefahrenen Geleise stecken, klammern Sie sich nicht an einen vergangenen Segen. Wir dienen einem Gott der Veränderung!

Kopf hoch!

Sammelt keine Schätze hier auf der Erde! Denn ihr müsst damit rechnen, dass Motten und Rost sie zerfressen oder Einbrecher sie stehlen. Sammelt lieber Schätze bei Gott. ... Denn euer Herz wird immer dort sein, wo ihr eure Schätze habt. (Matthäus 6,19-21)

Zum Beten

Herr, was auch kommen mag, lass mich sagen: »Mach du es, Herr!« Ich möchte in allem den Schatz deines Geistes suchen, ich möchte das Gestern loslassen und mich nach dem Morgen ausstrecken. Schenke mir Gelassenheit durch all die Höhen und Tiefen hindurch. Amen.

Freude – die Bumerangwaffe

*Wem alles erst beim zweiten Mal gelingt,
sollte besser kein Fallschirmspringer werden.*

Es gibt Leute, denen gelingt alles. Andere müssen sich bei der kleinsten Sache anstrengen. Ich dachte, dass ich zu der ersten Gruppe gehörte, bis meine Enkelinnen mir von all den technischen Fortschritten vorzuschwärmen begannen, die ich verpasst hatte. Tatsache ist, für mich sind Computer Höllenmaschinen, die ich nicht verstehe, und so tippe ich meine Bücher weiter auf meiner guten alten Schreibmaschine. Erma Bombeck hat ihre auch auf der Schreibmaschine geschrieben, und was gut genug für Erma war, ist gut genug für mich! Meine Rundbriefe ziehe ich immer noch von einem uralten Vervielfältigungsapparat ab, und die Auffahrt auf die Datenautobahn namens Internet habe ich bis heute nicht gefunden.

Schade. Denn es soll eine Internetadresse geben, wo man alles beigebracht bekommt, was die Eltern einem nicht beigebracht haben: wie man eine Kokosnuss öffnet, den Ölwechsel bei seinem Auto macht, die Schlaflosigkeit besiegt oder die Haare von den Beinen entfernt. Wenn es bloß ein Zehn-Schritte-Programm gäbe, um ins Internet zu kommen!

Ich gehöre also doch nicht zu denen, denen alles auf Anhieb gelingt. Aber das Auf-Anhieb-Gelingen hat ja seine Tücken: Keiner merkt, wie schwierig das war, was man da geschafft hat. Meine Stärke liegt darin, etwas immer wieder zu versuchen und nicht aufzugeben.

Etwas, was ich ganz gut gelernt habe, ist, wie ich mich regelmäßig mit irgendetwas Verrücktem verwöhne. Spaß muss sein bei mir, denn ich weiß: *Lachst du nicht, dann bleibst du nicht.* Eine Dame namens Eleanor Whitesides schrieb einmal: »Mein Freund, du hast deinen Jesus wie einen aufgebügelten Flicken getragen. Aber er konnte die Löcher in deinem schäbigen Mantel nicht verdecken. Aber als du dann diesen Lumpen abgelegt und mit mir gelacht und geweint und mich einfach geliebt hast, da sah ich seine Liebe in dir, und auf einmal hattest du ein glänzendes Gewand an, das mich an seine Seite zog.«

Vor kurzem hatte ein ganz lieber Familienvater eine Reihe von nicht so lieben Problemen. Er merkte, dass seine Familie etwas Aufmunterung brauchte, und sagte mir: »Einen Besuch von den Engeln, das könnten wir jetzt echt gebrauchen.«

Am nächsten Tag ging ich also mit Marilyn, meiner großen Mit-Streichespielerin, in eine nahe gelegene Baptistenkirche, wo wir uns in den Taufraum schlichen und zwei lange, fließende Taufgewänder – nun ja, ausliehen. Wir fuhren in die Straße, wo unser gestresster Freund wohnte, stiegen aus und zogen die Taufgewänder über. Der Briefträger ließ fast seine Tasche fallen, als er sah, wie zwei Frauen aus einem Auto mit »SPATULA« auf dem Nummernschild stiegen, zwei weiße Gewänder mit Gewichten am Saum überzogen und klappernden Schrittes die Straße hinuntergingen. Da war auch schon das Haus der Leute, die so dringend Engelbesuch brauchten. Ich musste denken, wie wunderbar es doch ist, dass Gott uns die Kleider seiner Gerechtigkeit gibt, um durchs Leben zu gehen. Wenn sie schmutzig werden, ist er sofort da, um sie zu reinigen, jeden Tag neu.

Manche Leute sagen ja: »Wenn du eine gute Tat getan hast, lass dir eine Quittung geben; wer weiß, vielleicht ist der Himmel wie das Finanzamt.« Nun, eine Quittung bekamen wir an diesem Tag nicht, aber ein wunderbares Gefühl im Herzen.

Was Sie auch tun – ob Sie Engel spielen, Fallschirmspringen, Krankenbesuche machen, im Internet surfen, sich um eine Witwe kümmern oder gerade herumalbern –, tun Sie es gut und verlieren Sie nie Ihre Fähigkeit, Freude zu verbreiten. Schieben Sie Ihrer Nebenfrau im Supermarkt eine Portion Freude in die Tasche, streuen Sie der alten Dame, die vor Ihnen über die Straße geht, etwas auf den Kopf, beschenken Sie Ihre Teenager mit lustigen Sprüchen, wecken Sie Ihren Mann mit Rosenduft auf. Und vergessen Sie nie, zu lächeln.

Ein Lächeln ist wie ein Gratisgutschein. Jedes Mal, wenn ich eines auf meine Lippen lasse, wird es auf dem Gesicht und im Herzen eines anderen Menschen heller. Früher oder später kommt mein Lächeln zu mir zurück, gerade dann, wenn ich es am meisten brauche.

Freude – das ist die perfekte Bumerangwaffe. Und mit dieser Waffe schießen kann jeder. Auf Anhieb.

Kopf hoch!

Für Gott ist nichts unmöglich. (Lukas 1,37)

Zum Beten

Herr, hilf mir, heute etwas Sinnvolles für einen Menschen zu tun. Ich möchte ein Lächeln auf das Gesicht meines Nächsten bringen. Liebe du durch mich einen Freund, hilf mir, Freude in sein Leben zu bringen. Amen.

Nobody is perfect

Haben wir vergessen, dass wir alle gleich geboren werden: nackt, nass und hungrig? Und dann wird es schlimmer!

Ich bin es gewöhnt, Anrufe von Müttern zu bekommen, die völlig am Ende sind. Ich kenne ihn von mir selber, diesen Zustand, wo alles sich gleichsam aufzulösen beginnt. Es beginnt damit, dass einem der Fleck auf der Tischdecke egal ist, und endet – nun, wo und wie auch immer. Das Ruder des Lebens gleitet einem aus der Hand, die Realität verschwindet hinter einer Nebelwand.

Christen haben es manchmal schwerer, mit Problemen umzugehen, weil sie sich einbilden, sie müssten perfekt sein. Aber Christen sind keine perfekten Menschen, sondern einfach Menschen, die Gottes Vergebung angenommen haben und (hoffentlich!) selber anderen vergeben. Doch zu oft ist unser Glaube seicht. Wir verlangen, dass das Kreuz gepolstert ist. Was als Christen unser Markenzeichen sein sollte, ist doch gerade unser Gottvertrauen – die Fähigkeit, Gott in unseren Umständen wirken zu lassen, anstatt dauernd zu versuchen, sie selber zu beherrschen.

Sehen Sie das ein und ersparen Sie sich Jahre unnützen Herumsorgens! Es gibt keine Superfamilien. Es gibt keine perfekten Menschen. Das garantiert angst- und krisenfreie Leben suchen ist wie Bockspringen mit einem Einhorn. Aua! Früher oder später müssen wir einfach loslassen und Gott Gott sein lassen. Dieses Loslassen geschieht meist nur allmählich, aber wo es geschieht, da werden wir frei!

Eine Frau, die diese Freiheit erfahren hat, schrieb mir einen Brief. Hören wir uns ihre Geschichte an:

> Zwei Jahre lang wachte ich morgens um zwei mit Magenschmerzen auf. Ich konnte nicht mehr, und ich wusste: Wenn das so weitergeht, gehst du total kaputt. Und da machte ich reinen Tisch mit Gott. Ich sagte ihm, dass meine Tochter ja mehr sein ist als mein und dass er sie mehr liebt als ich. Ich sagte: »Gott, übernimm du sie. Du weißt, wie du sie erreichen

> kannst, wo ich es nicht schaffe.« Und ich legte meine Last ab und ließ sie liegen!
> Ich habe keine Schuldgefühle mehr, denn ich weiß, dass ich eine so gute Mutter war, wie ich konnte. Wahrscheinlich habe ich viele Fehler gemacht, aber keiner kann behaupten, dass mir meine Tochter egal war ... Dies hat mir enorm geholfen in diesem schwarzen Loch der Depression darüber, dass meine Tochter lesbisch ist. Vielleicht hilft meine Geschichte irgendeiner anderen Mutter, die gerade da ist, wo ich vor einem Jahr war.

Eltern haben alle möglichen Gefühlsreaktionen, wenn sie erfahren, dass ihr Kind homosexuell ist. Wenn Sie meine Bücher gelesen haben, wissen Sie, dass mir buchstäblich die Zähne juckten. Eine andere Mutter, die erfuhr, dass ihr Sohn schwul war, verlor binnen einer Woche fast sämtliche Haare. Als wir uns trafen, zog sie kurz ihr Kopftuch zur Seite. Sie hatte nur noch ein paar Flauminseln auf dem Kopf; es sah wie bei einem Hamster aus. Ich war froh, als sie das Tuch wieder zurückzog.

Ein paar Monate später klingelte das Telefon, und eine aufgeräumte Stimme sagte: »Erinnern Sie sich noch an die Dame mit dem Hamsterhaar?« Und ob ich mich erinnerte! Die Stimme fuhr fort: »Ich wollte Ihnen nur sagen, dass mein Haar wieder voll da ist und dass ich mir heute eine Afro-Frisur hab machen lassen!«

Wie gut zu wissen, dass Haare wieder wachsen können, Magenschmerzen aufhören und Zähne nicht mehr jucken! Auch Herzen können wieder heil werden, doch dies dauert etwas länger, und ein Teil des Heilungsprozesses besteht darin, dass wir es zunächst lernen, mit dem Herzeleid zu leben. Ein Vater schrieb mir:

> Wenn eine Stimme vom Himmel mich fragen würde, welche Eigenschaft ich gerne an meinen Sohn weitergeben würde, ich würde antworten: »Herr, hilf ihm, das anzunehmen, was das Leben bringt.« Denn dies ist die Eigenschaft, die mehr als alle anderen zählt und nach der die Menschen letztlich bewertet werden.

Sie stehen gerade dort, wo der Pfeil auf Ihrer Lebenskarte hinzeigt. Vor welchem Problem Sie auch stehen, fragen Sie sich, was für einen Unterschied es heute in hundert Jahren machen wird. Der springende Punkt ist, ob ich es an Gott loslasse. Er wird uns nie im Stich lassen. Ich habe Anrufe und Briefe von Müttern bekommen, die verrückt geworden sind, aber auch von Müttern, die das Geheimnis der Hingabe an Gott gelernt haben. Sie wissen, dass sie ihm alles anvertrauen können – auch ihre Kinder. Er hilft uns, mit offenen Armen, offenem Herzen, einem frischen Kopf und festem Vertrauen in den morgigen Tag hineinzugehen.

Als ich nach dem Telefongespräch mit meiner Hamsterhaarfreundin wieder aufhing, dankte ich Gott dafür, dass auch ihre Afro-Frisur ein Zeichen seiner Treue und Heilung und neuen Wachstums war. Fassen Sie Mut! Zählen Sie Ihre Segnungen und nicht Ihre Verluste. Und danken Sie Gott, dass Sie vielleicht andere Symptome der totalen Panik haben, aber kein Hamsterhaar!

Kopf hoch!

»Deshalb werden keine Waffen etwas gegen dich ausrichten können ... Dies garantiere ich dem Volk, das mir dient; dies ist das Vorrecht, das ich euch gewähre für alle Zeit.« Das sagt der Herr. (Jesaja 54,17)

Zum Beten

Danke, Herr, für meine Kinder und all die Erinnerungen, die ich an sie habe. Ich tue mein Bestes in dem Job, den du mir gegeben hast. Was für Probleme auch kommen mögen, lass mich nicht vergessen, dass ich es schaffen kann, denn jede Prüfung muss zuerst durch deine Hand hindurch. Ich vertraue dir, denn ich weiß, du liebst meine Kinder noch viel mehr, als ich das tue – und ich liebe sie schon so sehr! Amen.

»Seine Zeit in der Marine hat Frank in den 42 Jahren, die wir zusammen waren, nie ganz losgelassen.«

Schau nach oben

Die Zeit ist die beste Lehrerin; leider tötet sie alle ihre Schüler.

Wie oft haben wir es schon gehört, dass wir Christen nur Gäste auf dieser Erde sind? Aber glauben wir das wirklich? Und wenn wir uns für das Leben nach dem Tod interessieren, ist uns klar, dass das *Hier* immer das *Danach* bestimmt? Wie ich gerne sage: Lebe jetzt für Jesus, damit du die Ewigkeit in der Nichtraucher-Abteilung verbringen kannst!

Hier ist noch ein kluger Spruch: »Das Leben ist so lange hart, bis man stirbt.« Klingt das entmutigend? Für mich ist es die größte Ermutigung, die ich kenne, denn wir können uns ja gar nicht vorstellen, welch eine Herrlichkeit, Liebe, Gnade und Freude Gott für uns bereithält. Eine Freundin schickte mir eine reizende Karte, auf der ein wahres Traumhaus abgebildet war. Sie schrieb: »Dies ist die Wohnung, die ich mir im Himmel reserviert hab. Ich hoffe, deine liegt gleich daneben.« Ich habe das Bild eingerahmt, und jetzt hängt es in meinem Freudenzimmer und erinnert mich täglich daran, dass es in unserem himmlischen Haus keine Sicherheitsschlösser, Fensterverriegelungen und Alarmanlagen geben wird.

Der Himmel ist ein sicherer Zufluchtsort für die, die geistlich arm sind (Matthäus 5,3). Vielleicht haben Sie, wie ich, schon Freunde und Verwandte, die Ihnen dorthin vorangegangen sind. Stellen Sie sich nur einmal vor, wie das sein wird, wenn Sie in den Himmel treten und die Hände ergreifen, die sich Ihnen entgegenstrecken, um ihnen hineinzuhelfen – die Hände Gottes. Und dann werden andere Hände kommen, liebe bekannte Gesichter Sie umringen. Sie sind aus dem Sturm in den sicheren Hafen eingelaufen, Sie spüren die Jugendkraft der Ewigkeit. Eine Dame schrieb mir, dass sie sich den folgenden Spruch auf ihrem Grabstein wünscht: »Weint nicht um mich; ich bin endlich zu Hause.«

Jemand hat gesagt, dass wir im Himmel keinen Lichtschalter mehr brauchen (Offenbarung 21,23.25), auch keine Türen (Offenbarung 21,25.27), dass wir nie mehr weinen, keine Medizin mehr nehmen und nie mehr an einem Krankenhaus oder Friedhof vorbeikommen werden (Offenbarung 21,4). Doch bis dahin ist jeder Tag ein Geschenk Gottes, und jede dunkle Nacht ist wie ein vergrabener Schatz, denn nachts kann ich Dinge lernen, die ich bei Tageslicht nie erkannt hätte. Und der Schmerz des Lernens wird leichter durch Humor.

»Eines der Dinge, die ich am Lachen mag, ist, dass man es nicht begraben kann; es lebt weiter«, sagt George Goldtrap, und er erzählt die Geschichte eines Pastors, der seine erste Beerdigung hielt und auf den Sarg zeigte und mit feierlicher Stimme sagte: »Was wir hier sehen, ist nur die Schale. Die Nuss ist fort – im Himmel!« Dann war da der Grabstein des Hypochonders, auf dem stand: »Glaubt ihr mir jetzt endlich, dass ich krank war?« Und der Schauspieler Mel Blanc, der Comic-Figuren wie Daffy Duck und Porky Pig seine Stimme geliehen hat, wollte, dass auf seinem Grabstein stand: »D-d-d-das war alles, Leute!«

Ach ja: Und auf jedem Kalender sollte ein Warnhinweis stehen, ähnlich wie der, den man auf manchen Auto-Rückspiegeln findet: »Vorsicht! Die Daten im Kalender sind näher, als es aussieht.« Wir wissen nie, wann unsere Uhr abgelaufen ist; also nicht vergessen: Wenn dein Leben mehr Jahre bekommt, dann gib deinen Jahren mehr Leben!

Was werden wir also machen aus den Jahren, die Gott uns gibt? Die Experten sagen uns, dass der Durchschnittsbürger sechs Jahre seines Lebens mit Essen verbringt, fünf mit Schlangestehen, vier mit Hausarbeit, drei mit Versammlungen und Sitzungen, zwei am Telefon, eines mit dem Suchen nach verlorenen Gegenständen und sechs Monate vor roten Ampeln. Wie werden Sie diese Augenblicke und Stunden nutzen?

Werden Sie als der ewige Nörgler in das Gedächtnis Ihrer Mitmenschen eingehen? Oder als der Mensch mit dem hellen Lachen und den freundlichen Augen? Gott hat uns unser Gesicht gegeben, aber den Gesichtsausdruck bestimmen wir! Wird man sich einmal an Ihre puritanische Einstellung erinnern (jene bohrende Angst, dass irgendwo sich jemand seines Lebens freuen könnte) oder an Ihren leicht gebeugten Gang (von den vielen Malen, wo Sie einem gefallenen Freund wieder aufgeholfen haben)?

Es ist nie zu spät, seine Einstellung zu ändern, um sich auf den Himmel vorzubereiten. Unsere Einstellung ist der Pinsel unserer Seele, der den Situationen unseres Lebens ihre Farbe gibt. Mit jeder Minute, die ich mich der Wut, der Traurigkeit, den Sorgen hingebe, verliere ich sechzig Glücksekunden. Zwischen der Reue über gestern und dem Träumen von morgen liegen die Gelegenheiten von heute. Nutzen wir sie!

Kennen Sie schon die Geschichte von den beiden Fröschen, die in einen Milcheimer fielen? Sie versuchten, an der Seite hinauszuklettern, aber rutschten immer wieder ab. Schließlich sagte der erste Frosch: »Ich geb's auf!« – und ertrank. Der andere fand, dass er nichts zu verlieren hatte, und strampelte weiter, und siehe da, sein Strampeln machte etwas von der Milch zu Butter, und er kletterte auf den Butterklumpen und sprang in die Freiheit! Dass er nicht aufgegeben hatte, hatte ihn gerettet. Machen Sie es sich zur Angewohnheit, nicht aufzugeben, während Sie auf das Reich Gottes warten und hinarbeiten. Lassen Sie sich nicht von dem Bösen – oder auch dem Schönen – auf dieser Erde blockieren.

Vor einigen Jahren rief mich ein Mann aus Kanada an. Er lud mich ein, in Vancouver vor einem Saal voller Karrierefrauen zu sprechen und anschließend eine Schiffsrundfahrt zu machen und mit der Königin Tee zu trinken.

»Mit was für einer Königin?«, fragte ich.

»Na, mit der englischen Queen«, sagte er.

Als ich ihm erklärte, dass ich keine festen Honorarsätze für meine Vorträge hatte, sondern das annahm, was man mir gab, erklärte er, wenn ich also meinen Vortrag halten, meine Schiffsrundfahrt machen und mit der Queen Tee trinken würde, würde er mir 50 000 Dollar zahlen. Worauf mein Bill, der neben mir saß und das Gespräch mithörte, sagte: »Frag ihn, ob er kanadische oder US-Dollar meint!« Bill wollte es wie immer ganz genau wissen.

Nun, in diesem Jahr kam die Queen aufgrund von Familienproblemen nicht nach Kanada. Aber als ich meiner lieben Schwiegertochter Shannon von der Einladung erzählte, sagte sie: »Das ist ja toll, dass die Königin kommt, aber ich hätte lieber unseren großen König!«

Die Zeit ist kurz. Leben Sie Ihr Leben mit dem Blick nach oben. Wenn unser himmlischer König kommt, um die Seinen zu sich zu holen, was für eine Freude wird das sein! Bereiten wir uns vor; lassen wir Jesus den König unseres Lebens sein!

Kopf hoch!

Laß uns erkennen, wie kurz unser Leben ist, damit wir zur Einsicht kommen! (Psalm 90,12)

Zum Beten

Himmlischer Vater, segne du diese Hütte, die du mir gegeben hast, um mein Leben auf Erden zu verbringen. Du bist der Fels meines Lebens. Du bist meine feste Burg. Nichts auf dieser Erde ist es wert, dass ich mich deswegen zersorge. Ein Tag zu deinen Füßen im Himmel wird alle Not weit aufwiegen. Hilf mir, aufzublicken und daran zu denken, dass die Zeit kommt, wo ich an Land steigen und zu Hause sein darf! Amen.

Parken verboten!

Lass dich nie von deinen Lasten lähmen.

Eines Tages parkte ich mein Auto falsch. Als ich ausstieg, dröhnte mich eine laute Männerstimme an: »Mrs. Spatula (Spatula, der Name unseres Hilfswerks, prangt auf meinem Nummernschild), Sie dürfen hier nicht parken!« Als ich hastig wieder einstieg, musste ich an ein Schild denken, das ich einmal irgendwo gesehen hatte: »Wehe, wenn Sie auch nur daran denken, hier zu parken!« Und daran, wie oft es uns passiert, dass wir unser Lebensauto im Parkverbot abstellen.

Für den Menschen, der an den allmächtigen Gott glaubt, gibt es Orte, wo er auf gar keinen Fall und unter keinen Umständen auch nur ans Parken denken sollte:

Parken Sie nicht auf dem Niederlagen-Platz. Dies ist die größte Parkverbotzone. Wo hat das Leben Sie gebeutelt, geschlagen, gedemütigt, Ihnen die Schamröte ins Gesicht getrieben? Nicht anhalten, weiterfahren!

Parken Sie nicht in der Zorn-Allee. Auch nicht, wenn Sie auf sich selber wütend sind. Mit Gott oder anderen hadern ist eine normale psychologische Reaktion, die nichts mit meinem religiösen Status zu tun hat. Der Zorn hat seine Zeit – aber wir dürfen nicht in ihm stecken bleiben. Um weiterfahren zu können, müssen wir manchmal lernen, unsere Wut so hinauszulassen, dass sie nicht in uns eitert. Mit Nachtragen schade ich auf die Dauer nur mir selber. Wie Colin Powell es ausdrückt: »Geh an die Decke, und dann geh weiter.«

Parken Sie nicht in der Flucht-Gasse. Es ist nie die richtige Zeit, um aufzugeben. Wenn Ihr Kind Sie meidet, drücken Sie es trotzdem. Wenn Ihr Mann den Hochzeitstag vergessen hat, kaufen Sie selber die Blumen. Wenn ein Freund nicht anruft, rufen Sie ihn selber an. Hören Sie nicht auf, Sonnenschein und Liebe zu verbreiten.

*Parken Sie nicht in der Entmutigungs-Straße. A*uch wer nicht der geborene Optimist ist, kann lernen, das Leben von der hellen Seite zu sehen. Um noch einmal Colin Powell zu zitieren: »Ständig optimistisch sein vervielfacht unsere Kräfte.« (Und

*Rächen Sie sich an Gästen, die in Ihrem Medizinschrank wühlen.
Füllen Sie ihn vor Ihrer nächsten Party mit Murmeln.*

schärft unseren Blick!) Der Optimist wird nicht nur innerlich, sondern auch äußerlich schneller gesund. Sie sind dabei, die Grube der Verzweiflung zu verlassen? Setzen Sie einen Fuß vor den anderen und gehen Sie weiter, immer auf das Licht zu.

Ich bekam einmal einen Anruf von einer Frau. Ihr Name klang wie Mary Hart, und sie wollte sich über unser Spatula-Hilfswerk erkundigen. Als ich ihre Adresse aufschrieb, buchstabierte sie ihren Namen, und siehe da, er schrieb sich *Merry Heart* (»fröhliches Herz«). Ich sagte: »Das ist ja süß! Passen Sie ja auf, wenn Sie heiraten, dass Sie sich nicht Ihren Namen ruinieren!« Sie sagte mir, dass sie mit einem Herrn Hogaboom verlobt war. (Vielleicht sollte er ihren Namen annehmen; meinen Sie nicht auch?)

Parken Sie nicht in einer Alterszone. Manche Leute sagen ja, das Leben beginnt mit 40 – will sagen: Ab 40 geht es abwärts. Na und? Wir alle werden älter, und das Schöne ist, wir können nichts dafür! Sie können mit 60 nicht mehr so gut Rad schlagen wie mit zehn? Schön, aber Sie können immer noch neugierig, flexibel, impulsiv und auf Abenteuer aus sein. Ihre Seele verkalkt nicht; lassen Sie sie baumeln, leben Sie!

Parken Sie nicht in der Sorgen-Straße. Erma Bombeck fragte: »Sind Sorgen ein Fluch, oder sind sie eine Tugend, die uns auf den höchsten Gipfel des Lebens erhebt?« Wir können unsere Sorgen nicht mit einem magischen Knopfdruck abstellen, aber wir können unsere Gedanken an die Leine nehmen und auf das richten, was recht und wahr und liebenswert ist (Philipper 4,8) – das ist so ähnlich, als wenn wir die Handbremse unseres Lebensautos lösen. Wer weiß, welche unverhofften Möglichkeiten hinter der nächsten Ecke warten? Jesus hat gesagt, dass unser himmlischer Vater weiß, was wir brauchen, und uns nicht im Stich lassen wird (Matthäus 6,31-33).

Parken Sie nicht im Schuld-Hof. Lassen Sie Jesus Ihren Erlöser sein, nehmen Sie Gottes Vergebung an und vergeben Sie selber bereitwillig Ihren Mitmenschen. Lassen Sie die Vergangenheit hinter sich, fangen Sie von vorne an. Lernen Sie so viel wie möglich aus jedem Fehler, und dann wenden Sie und fahren Sie weiter.

Vor einiger Zeit sprach ich auf einer Konferenz in einer entlegenen Gegend in Nebraska. Das Haus, in dem ich schlief, lag direkt über einer Eisenbahnbrücke. Am Tag funkelten die Schienen wie Diamantenbänder in der Sonne, und nachts lauschte ich auf die vorbeifahrenden Züge – das ferne Pfeifen, das immer näher kam, dann das Donnern und Grollen, wenn der Zug über die Brücke schoss. Bald konnte ich die verschiedenen Loktypen nach dem Pfeifen und dem Motorengeräusch unterscheiden.

Fast jede Stunde donnerte ein Zug vorbei, und einige der Frauen klagten darüber, dass sie nicht schlafen konnten bei dem Lärm. Aber ich war fasziniert. Das Geräusch weckte eine Art Fernweh in mir und erinnerte mich daran, dass wir ja alle unterwegs sind. Züge fahren immer weiter, um ihre Menschen- oder Güterfracht an ihr Ziel zu bringen. Sie parken nie; nach kurzem Aufenthalt geht es weiter, bis zur Endstation.

Ich will wie diese Züge sei. Ich will Platz haben für jeden, der mit einsteigen will. Ich will nirgends auf dieser Erde parken, sondern treu das tun, wozu Gott mich berufen hat. Und ich hoffe, dass irgendwo jemand ist, dem mein Pfeifen und Rattern Freude und Mut macht.

Wir alle sind unterwegs. Und wenn wir weiterfahren, dann kommen wir auch an.

Kopf hoch!

Alle diese Zeugen, die uns wie eine Wolke umgeben, spornen uns an. Darum lasst uns durchhalten in dem Wettlauf, zu dem wir angetreten sind, und alles ablegen, was uns dabei hindert, vor allem die Sünde, die uns so leicht umgarnt! Wir wollen den Blick auf Jesus richten … (Hebräer 12,1-2)

Zum Beten

Herr, lass mich weitergehen und nicht stehen bleiben. Amen.

Gottes Kachelofen

Evangelisation ist, wenn ein Bettler dem anderen erzählt, wo es Brot gibt.

Ein kalter Tag. Der Schnee wirbelt, von den Dächern hängen Eiszapfen. Unser Atem ist wie Dampf, unsere Lippen aufgerissen, wir reiben bibbernd die Hände, um ein bisschen Wärme zu bekommen. Haben Sie es auch schon gemerkt, wie in kälteren Gegenden die Leute im Winter in den Winterschlaf zu sinken scheinen? Es erfordert extra Energie, seine Arbeit zu tun, die Kinder bei Laune zu halten, zur Kirche zu gehen und ein guter Nachbar zu sein in jenen frostigen Wintermonaten.

Auch in unserem Glaubensleben erleben wir Kälteperioden. Kalte Tage, wo die Hoffnung stirbt. Die Liebe geht zur Tür hinaus, ein guter Freund zieht fort, der Arbeitsplatz ist weg, das Bankkonto hat Ebbe. Gott scheint weit weg zu sein. Unsere Gebete bleiben stecken, bevor wir ein Wort herausgebracht haben. Die Seiten der Bibel starren uns leer entgegen. Es ist wie innere Frostbeulen – schmerzlich, giftig, gefährlich.

Die Gemeinde ist Gottes geistlicher Kachelofen. Wir schichten das Brennholz auf, nehmen den Schürhaken zur Hand, zünden ein Streichholz an. Jakobus stellt klar, dass es sinnlos ist, wenn wir einem Hungernden und Frierenden guten Appetit und angenehme Temperatur wünschen, aber keinen Finger für ihn krumm machen (Jakobus 2,16). Wir brauchen die Wärme der Glaubensgeschwister, um die Frostperioden unseres Lebens zu überstehen. Wir brauchen einen Platz, wo wir uns wärmen können, ja manchmal sogar ein Almosen, und wenn es ein paar Worte der Ermutigung sind.

Henry Ward Beecher hielt einmal an einem zugigen Morgen einen Zeitungsjungen an. »Ist dir nicht kalt?«, fragte er. Der Junge antwortete: »Bis Sie kamen, schon, Sir.« Für eine Seele, die nach menschlicher Freundlichkeit und Wärme hungert, ist selbst eine beiläufige, aber ehrlich gemeinte Frage ein Stückchen Lebensbrot, weil sie zeigt, dass uns der andere nicht egal ist.

Sie sind ein Glied der Gemeinde Christi. Werden Sie heute jemandem ein Stück Wärme geben? Bergsteigern wird oft empfohlen, im Falle eines Schneesturms eine Schneehöhle zu bauen und sich voll angezogen nebeneinander in sie zu legen, um sich mit der Körperwärme gegenseitig vor dem Erfrieren zu schützen. Wenn ich einen Mitmenschen mit einem Lächeln, einer Umarmung, einem Schlag auf die Schulter aufwärme, bekomme ich seine Wärme zurück. Wir trösten einander »mit dem Trost, mit dem wir selber getröstet werden von Gott«, schreibt Paulus in 2. Korinther 1,4 (Luther), und der alttestamentliche Prediger schreibt: »Wenn zwei beieinander schlafen, können sie sich gegenseitig wärmen.« (Prediger 4,11)

Gehen Sie zu jemandem, der allein ist. Eine allein stehende Frau, ein einsamer Teenager wartet auf den liebenden Arm, den tröstenden Druck. Wer nicht selber schon einmal ganz allein war, hat keine Vorstellung davon, wie gut das tut. Nicht jeder hat einen Ehepartner, Eltern oder Freunde, die ihn in die Arme nehmen, aber jeder braucht ein Stückchen Zärtlichkeit. Die Experten sagen uns, dass zwölf Umarmungen ungefähr das tägliche Minimum sind.

Jemand hat einmal gesagt: »Ich weiß, dass ich nicht so bin, wie ich sein sollte, und dass ich noch nicht das bin, was ich einmal sein werde. Aber ich bin nicht mehr das, was ich einmal war – ich bin unterwegs, weil du mich berührt hast.« Streicheln Sie einen Menschen mit einem warmen Wort. Es gibt Menschen, die müssen sich den ganzen Tag die Klagen anderer anhören. Gönnen Sie dem Verkäufer, dem Hausmeister, der Krankenschwester, der Dame im Büro einen freundlichen Gruß oder ein nettes Wort. Ihre Ohren hungern nach etwas Positivem, Ermutigendem, die Seele Aufbauendem. Finden Sie heraus, mit was für Worten Sie ein Lächeln auf die Gesichter Ihrer Mitmenschen bringen können. Fangen Sie an, machen Sie ein Spiel daraus! Bringen Sie heute jemandem Freude.

Ein kleines Mädchen kommt zu spät von der Schule. Ihre Mutter ist ärgerlich; sie hat sich Sorgen gemacht. Das Mädchen erklärt ihr, dass ihre Freundin auf dem Nachhauseweg ausgerutscht ist und ihre Puppe zerbrochen hat. »Dann hast du ihr geholfen, sie wieder heil zu machen?«, fragt die Mutter. »Kommst du deswegen so spät?«

»Der Wetterbericht hat was von ›gebietsweise Schnee‹ gesagt.«

»Nein, Mama, die Puppe war ganz hinüber, aber ich hab ihr geholfen zu weinen.«

In der Eiseskälte des Lebens brauchen wir einander. Lassen wir uns nicht ins Bockshorn jagen von der Fassade der Stärke, hinter der manche Leute sich verstecken. Lassen Sie ein wenig Sonnenschein in das Leben eines Menschen, der es braucht. Verstecken wir uns nicht hinter einer falschen Wohlanständigkeit. Beherzigen wir einen Spruch aus dem Militär: »Sei alles, was du sein kannst.« Oder, wie unsere Kindergärtnerin uns sagte: »Sei ein lieber Freund.« Schauen wir uns um: Wem kann ich gerade mit meiner Hand, einem Wort oder einem meiner Ohren helfen, dass sein Tag schöner wird? Packen wir es an, wärmen wir ein Herz!

Kopf hoch!

Sorgen drücken einen Menschen nieder; ein gutes Wort richtet ihn auf. (Sprüche 12,25)

Zum Beten

Herr, heute werde ich jemanden treffen, der einsam ist oder Angst hat. Gib mir deine Worte, ihm Trost, Mut oder Ruhe zu bringen. Hilf mir, einem Freund oder Fremden, der friert und müde ist, etwas Wärme zu bringen. Ich will ein Bote des Frühlings werden. Amen.

Wasserdicht leben

Jesus hat nicht gesagt:
»Lasst euer Licht flackern«,
sondern: »Lasst euer Licht leuchten!«

Lachen ist das beste Seelenfutter. Da die meisten von uns sich keinen Urlaub auf Hawaii leisten können, müssen wir lernen, uns selber unser kleines Glück zu schmieden. Die beste Methode, sein Herz frisch zu halten, lautet: Suche Freude, bereite Freude, gib Freude weiter, wann und wo immer du kannst. Ein Mensch mit viel Humor ist ein Goldschatz. Die chassidischen Juden glauben, dass der beste Gottesdienst darin besteht, dass man fröhlich ist; bei ihnen gehören Tanzen und Feiern zur Frömmigkeit dazu.

Ihr Projekt für heute: Basteln Sie sich eine Freudenbox, in der Sie Gegenstände sammeln können, die Sie zum Lächeln oder Lachen bringen. Am Anfang tut es ein leerer Schuhkarton. Später brauchen Sie einen Korb, noch später vielleicht ein Fass oder eine Kiste. Und ehe Sie es sich versehen, sind Sie dabei, ein ganzes Freudenzimmer an Ihr Haus anzubauen, wie Bill und ich. Mein Freudenzimmer ist eine Oase für viele geworden, die einen Ort brauchen, wo Sie die Seele baumeln lassen und wieder einmal lächeln können. Einfach darin zu sitzen, ist schon eine halbe Therapie. Selbst die Uhr scheint die Botschaft zu schlagen: »Ich mag dich!«

Als jemand, der aus dem schwarzen Loch der Verzweiflung ins Leben zurückgekehrt ist, finde ich, dass ich dieses Freudenzimmer, dessen Wände voll Lachen sind, verdient habe. Ich werde nie die Frau vergessen, die zu mir sagte: »Ich fühle mich wie in einem dunklen Loch – dem furchtbaren Loch des Lebens!« Ich weiß, wie ihr zu Mute ist. Wohin wir uns auch wenden, es scheint keinen Ausweg zu geben. Wir sind wie in einem finsteren Schrank gefangen. Es ist meine Erfahrung, dass es Menschen, die sich so eingeschlossen fühlen, enorm hilft, wenn jemand ihnen ein Stück Freude bringt. Jedes Lachen lässt die wunden Stellen ein Stückchen verheilen, den dumpfen Schmerz zurückgehen.

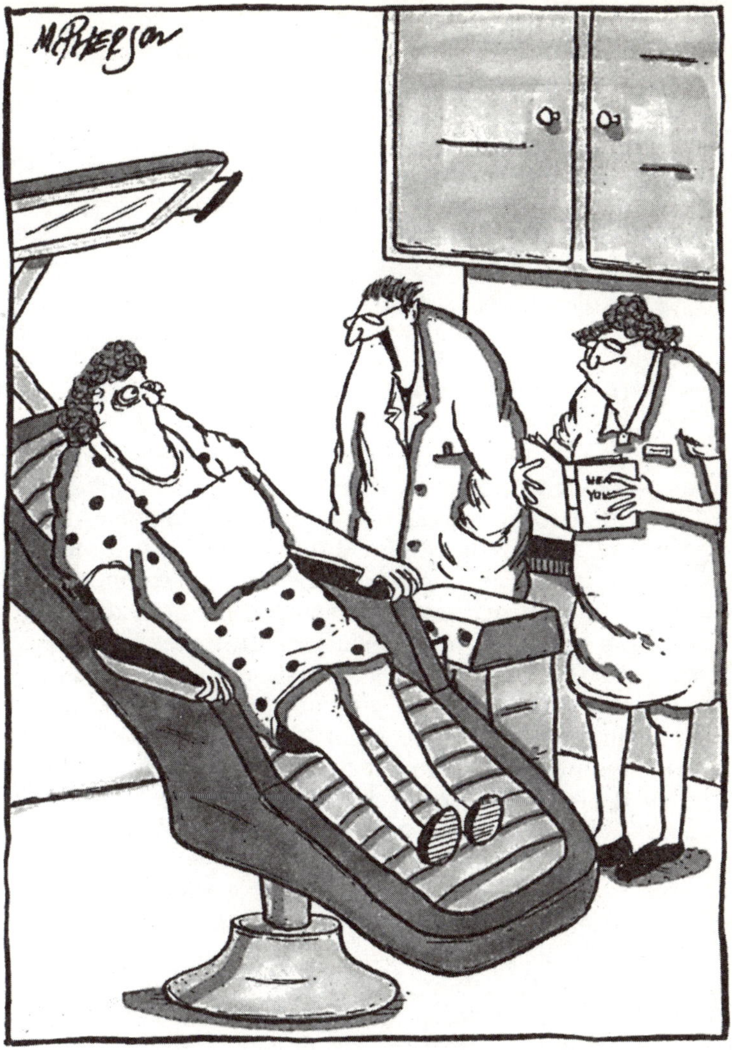

»Die Betäubungsspritzen sind uns leider ausgegangen, aber Frau Müller wird Ihnen während der Wurzelbehandlung Witze vorlesen.«

Manchmal muss man ein bisschen auf die Jagd nach Dingen gehen, die die Lachmuskeln reizen. Selbst in der Bibel kann man etwas zum Lachen finden, denn die Bibel ist wie ein Ozean – wir können hineinwaten, uns aus ihr ernähren, von ihr leben oder in ihr ertrinken. Hier einige Sprüche, die Kinder schrieben, nachdem sie die Bibel studiert hatten:

> Noahs Frau war dreihundert Ellen lang und hieß Arche.
> Mose stieg auf den Berg Sinatra, um die Zehn Gebote zu holen.
> Josua dämpfte die Amelekiter, bis sie schön gar waren.
> David kämpfte gegen den Gorilla, der auch zur Zeit der Bibel lebte.
> Die Leute, die Jesus folgten, waren alle jünger.
> Die Epistel waren die Frauen der Apostel.

Humor – das sind die Schokostreusel auf dem Vanille-Eis des Lebens. Kennen Sie ihn auch noch, den »Eismann«, der mit seinem Wagen durch die Straßen fuhr? Heute fährt er meistens nicht mehr; aber man kriegt sein Eis auch so, wenn man nur bereit ist, die paar Schritte zur nächsten Eisdiele zu laufen.

Eine Frau erzählte mir, wie sie sich ein neues Paar wasserdichte Stiefel gekauft hatte. Als sie sie zum ersten Mal trug, kam sie an eine Pfütze und ging schnell um sie herum; die neuen Schuhe sollten doch nicht nass werden! Das wiederholte sie mehrere Male, bis ihr dämmerte, dass sie die Stiefel ja gerade für solche Pfützen gekauft hatte! Als sie zur nächsten kam, trat sie vorsichtig hinein. In die nächste trat sie energisch, in die übernächste sprang sie wie ein zweijähriges Kind. Als sie wieder nach Hause kam, waren ihre Stiefel von einer Schlammkruste bedeckt, ihre Füße waren trocken, und ihr Herz war glücklich.

Humor ist für das Leben, was Regenstiefel für die Füße sind. Mit ihm können wir durch die Pfützen, die uns das Leben in den Weg legt, hindurchgehen. Machen wir keinen ängstlichen Bogen um sie, stolzieren wir nicht auf Zehenspitzen hindurch, sondern springen wir voll in sie hinein: Hoppla, jetzt komm ich! Gott hat uns keine ruhige Reise, aber eine sichere Landung versprochen. Er gibt uns neue Freude an unserer Erlösung. Nichts, auch nicht der schlimmste Sündenschlamm, kann uns von ihm trennen.

Und wenn wir einmal hinfallen? Dann stehen wir wieder auf. Freudig. Wir sollten überhaupt Frühaufsteher werden. Die Bibel sagt, dass morgens die Freude kommt (Psalm 30,6). Abraham stand früh am Morgen auf, um vor Gott zu treten (1. Mose 19,27), ebenso Jakob (1. Mose 28,18). Mose ging in aller Frühe auf den Berg, um Gott zu begegnen (2. Mose 34,4), Josua brach früh auf, um für den Herrn zu kämpfen (Josua 6,12; 8,10). Hesekiel bekam früh am Morgen das Wort des Herrn (Hesekiel 12,8). Jesus stand früh auf, um mit seinem Vater zu reden (Markus 1,15). Gottes Güte und Barmherzigkeit sind »alle Morgen neu« (Klagelieder 3,22-23, Luther).

»Bade nicht im Selbstmitleid«, las ich in einer Zeitschrift. Aufgestanden und weitergelebt! »Bestimmt wird er dich wieder lachen lassen«, heißt es im Buch Hiob (8,21), und der Psalmist singt: »Mein Mund singt immerzu dein Lob« (Psalm 71,8). Geben wir uns nicht mit einem zaghaften Kichern zufrieden, lachen wir aus voller Kehle! Warum nur ein bisschen flackern, wenn man leuchten kann?

Ein kleiner Junge schaute beim Zubettgehen aus seinem Fenster und sah den Mond am Himmel stehen. Er sagte: »Guck, Papa, da ist ein Lächeln am Himmel.« Und das stimmt, und nicht nur der Mond lächelt, sondern auch die Sterne. Jesus ist der »Morgenstern« (Offenbarung 2,28). Der Tag kommt, wo die Trompete erschallt, die Toten aufstehen und wir in den Himmel gehoben werden, Jesus entgegen (1. Thessalonicher 4,16-17). Wenn das kein Grund zum Lächeln ist!

Kopf hoch!

Genauso muss auch euer Licht vor den Menschen leuchten: Sie sollen eure guten Taten sehen und euren Vater im Himmel preisen. (Matthäus 5,16)

Zum Beten

Lieber Herr, manchmal macht das Leben auf dieser Erde nicht viel Spaß. Aber ich habe die Freude gewählt. Die volle, ewige Freude. Zeige mir, wie ich sie finden oder selber schaffen kann. Lehre mich, das Leben der anderen mit der Freude zu füllen, die der hat, der dich kennt. Ich liebe dich, Herr! Amen.

Was Hände erzählen

Die Lebensleiter kann man nicht mit den Händen in den Taschen hochklettern.

Hände sind stumme Kuriere, die Botschaften aus unserem Herzen tragen. Sie öffnen Türen, um Gäste willkommen zu heißen. Sie schubsen die Schaukel eines lachenden Kindes an. Sie wischen sanft Tränen ab. Die Hand auf der Schulter bietet Mitgefühl an. Der feste Händedruck vermittelt Kraft und Mut. Ein Winken sagt dem Freund Auf Wiedersehen oder lädt den einsamen Fremden ein. Ein Kind schiebt seine frische kleine Hand fröhlich in die runzlige große der Großmutter. Keine Worte werden gesprochen; es sind keine nötig.

Wir benutzen unsere Hände auf so viele Arten. Eine Missionarin benutzte ihre so: Erst backte sie einen Missionskuchen, dann schrieb sie das Rezept, damit wir ihn auch backen können.

> In einem Lehmherd Feuer machen. Die Backutensilien mit kochendem Wasser abspülen. Das Mehl auf Würmer untersuchen. Das Mehl und den Zucker abmessen und sieben. Zwischendurch die Kakerlake totschlagen, die gerade über den Küchentisch krabbelt. Zwei Eier dazugeben. (Oh, keine mehr da; Johnny zu den Nachbarn schicken, um welche zu holen.) Während des Wartens eine Eidechse aus dem Grasdach ziehen und des Hauses verweisen. Die Eier aufschlagen. (Ach so, es sind Enteneier; egal, keiner wird's merken.) Zitronensaft hinzugeben. (Keine Zitronen da; stattdessen Papayasaft nehmen.) Rühren. Den fertigen Teig in eine gefettete Pfanne geben und mit Palmkernen bestreuen. Backen, bis der Kuchen aufgeht. Reicht für eine sechsköpfige Familie oder ein paar hungrige Dorfkinder.
>
> *Adaptiert von Mrs. Joy Benzio, Trans-World Radio Headquarters*

Sie können heute Taten der Liebe vollbringen mit Ihren Händen: eine Schublade aufräumen, einen Wiesenblumenstrauß pflücken, in Ihr Tagebuch schreiben, ein Bild für ein Kind malen, einen jungen Hund streicheln, einem kleinen Mädchen einen Zopf flechten, Plätzchen backen, eine Wand oder ein Regal schmücken, eine Wange kneifen, Unkraut jäten, das Auto des Ehemannes waschen. Der Bumerang-Effekt dabei: Die Hand, die gibt, bekommt!

Eines Tages war ich in einer Drogerie. Da unser Hilfswerk *Spatula* (»Spachtel«) heißt, bin ich immer auf der Suche nach billigen Plastikspachteln zum Verschenken. Ich hatte gerade nur noch wenige Spachtel, und die, die ich bei meinen Vorträgen benutzte, sahen mehr wie die Schaufeln aus, die man zum Entsorgen von Katzendreck verwendet. Als ich durch den Laden ging, sah ich eine Verkäuferin, die auf dem Boden kniete und dabei war, einen großen Karton mit Küchenutensilien auszupacken, darunter schöne bunte Plastikspachtel für nur 15 Cent das Stück. Ganz aufgeregt fragte ich die junge Dame, ob ich mit ihr den Karton durchgehen und alle Spachtel aussortieren durfte. Ich bekam an die dreißig zusammen, die ich frohgemut in meinen Einkaufswagen lud. »Sie glauben gar nicht, wie ich mich freue«, erklärte ich der Kassiererin. »Wissen Sie, wie schwer es ist, so schöne Spachtel so billig zu kriegen?«

Sie warf mir einen komischen Blick zu, während sie die Spachtel in eine Tüte schob. Na ja, es war wohl besser, ich erklärte ihr nicht, wozu ich die Dinger brauchte.

Ich habe diese dreißig Spachtel als fröhliche Erinnerung daran verteilt, dass wir nicht nur unsere Herzen, sondern auch unsere Hände benutzen, wenn wir einen Freund, Verwandten oder Nachbarn, der an die Decke gegangen ist und jetzt an ihr klebt, sanft wieder herunterschaben. In Gottes großer Küche kann man diese handlichen Dinger zu so vielem gebrauchen.

Nicht vergessen: Gott schenkt uns die Zutaten zu unserem täglichen Brot; backen müssen wir es selber – mit unseren eigenen Händen!

Kopf hoch!

Und der Herr, unser Gott, sei uns freundlich und fördere das Werk unsrer Hände bei uns. Ja, das Werk unsrer Hände wollest du fördern! (Psalm 90,17, Luther)

Zum Beten

Du bist der allmächtige Gott, und doch lässt du mich deine Hände und Füße auf der Erde sein. Wie wunderbar, dass du mir Dienste gibst, bei denen ich meine eigenen beiden Hände benutzen kann. Danke, Herr. Und zeige mir, wie viel ich tun kann mit dem, was du mir schon gegeben hast. Amen.

Guter Rat für Humormuffel

Ich gehe immer noch oft aus. Jetzt natürlich stückchenweise: mein Rücken, mein Nacken, meine Knie …

Es heißt, wenn man alt genug ist, um alle Antworten zu wissen, stellt einem keiner mehr die Fragen. Aber Fernsehjournalist Dan Rather bat einmal einen 106-Jährigen, ihm das Geheimnis seines langen Lebens zu nennen. Der alte Mann schaukelte hin und her in seinem Stuhl, dann antwortete er: »Immer schön weiteratmen.«

Alt werden ist stressig – fast so stressig wie erwachsen werden –, aber Humor wirkt wahre Wunder gegen diesen Stress! Wenn Sie es krachen, knirschen und kracksen hören und es ist nicht Ihr Müsli – keine Panik! Lassen Sie Ihre Fantasie steigen, nicht Ihren Blutdruck. Eine Studie hat gezeigt, dass selbst Humormuffel negativen Reaktionen auf Stress entgegenwirken können, indem sie sich vorstellen, ihre Situation komme in einer Fernsehkomödie vor.

Humor zur Problembewältigung – das ist eine erworbene Fertigkeit, die mir hilft, Distanz zu meinen Problemen zu gewinnen. Nach Meinung mancher Wissenschaftler ist Humor ausgesprochen gesund, ja verlängert das Leben. Lachen entschärft Beleidigungen, entspannt schmerzende Muskeln und nimmt dem, was da gerade mit meinem Körper und Geist passiert, die demütigende Spitze.

Solchen Humor entwickeln – das ist, wie wenn ich eine Heilquelle in meinem eigenen Garten entdecke. Es ist der reinste Jungbrunnen. Versuchen wir, so zu werden wie die Frau, die bei einem Unfall ein Bein verlor und dem Arzt sagte: »Ein Glück, dass es das mit der Arthritis war!«

Die Altersforscherin Ann E. Gerike sagt, dass wir es lernen können, unseren Alterungsprozess und die körperlichen Grenzen, die er mit sich bringt, in einem neuen Licht zu sehen. Die Brüste der Frau können ihren Idealstress endlich einstellen und sich entspannen. Und die Extrapfunde in der Mitte (kommt daher der Ausdruck »Mittelalter«?) lassen uns einfach kuscheliger aussehen! Merke: Sie werden nicht älter, Sie sind in der Metallzeit angekommen: Silber im Haar, Gold in den Zähnen und Blei im Hintern!

Eine weise Frau sagte: »Früher habe ich jeden Tag so genommen, wie er kam. Jetzt nehme ich jeden halben!« Das Älterwerden ist manchmal so, als wenn man einen steilen Berg hochfährt. Wir können jammern: »Diese Schlaglöcher, diese Kurven!« Oder wir können es so sehen: »Ich würde ja gerne auf der Überholspur leben, aber ich bin mit einer Zone 30 verheiratet.« Aber am besten ist es, wenn wir unseren Grips zusammennehmen und das tun, was wir am besten können.

Im Jahre 1956 lud der 66-jährige Harland Sanders aus Corbin (Kentucky), der gerade Rentner geworden war, einen Dampfkochtopf und einen Behälter mit fünfzig Pfund von seiner Geheimmischung aus elf Gewürzen in sein Auto und begann, die Restaurants in seiner Gegend abzuklappern. Er schlug den Besitzern vor: »Lassen Sie mich Ihre Brathähnchen zubereiten. Wenn Sie den Geschmack mögen, bringe ich Ihnen mein Rezept bei und gebe Ihnen eine Lizenz. Sie zahlen mir fünf Prozent für jedes Hähnchen, das Sie verkaufen.« Aus Sanders' Idee wurde das größte und erfolgreichste Hähnchenimperium der Welt; er lebte noch 33 Jahre, um die Früchte seiner Arbeit zu genießen. Also: Nicht in den Lehnstuhl sinken, sondern aufgestanden und die Ärmel hochgekrempelt!

Im vergangenen Winter beschlossen Bill und ich, unsere Weihnachtsferien im Staat Washington im Norwesten der USA zu verbringen. Da ich in Südkalifornien nie sehr warme Kleidung gebraucht hatte, gingen wir vorsichtshalber einkaufen und erstanden ein wunderbares schwarzes, kuscheliges, am Rand schön verziertes Umhängetuch für mich. Bill spendierte mir noch eine glitzernde Christbaumnadel dazu. Und wir flogen los, ich ganz stolz in meinem warmen neuen Tuch.

Es war das Jahr, in welchem Seattle von diesen furchtbaren Schneestürmen heimgesucht wurde. Als wir nach einer weißen Weihnacht zum Flughafen fuhren, um nach Kalifornien zurückzukehren, mussten wir feststellen, dass sämtliche Flüge gestrichen waren. Es gingen auch keine Busse und Züge. Tausende von Menschen kampierten in dem Flughafen. Bill und ich verbrachten zwei Tage buchstäblich auf dem Fußboden, während wir auf das Ende der Schneestürme warteten. Den Restaurants ging das Essen aus, den Toiletten Seife und Papier, den Menschen die Geduld. Alle warteten wir, hungrig und schmuddelig, auf ein Flugzeug, das uns nach Hause bringen würde. Wir hatten die Wahl: Wir konnten jammern oder nach einem Stückchen Humor in dieser Situation suchen.

Am dritten Leidenstag freundete ich mich mit einer lieben schwangeren Mutter an, die ganz erschöpft davon war, hinter ihren zwei anderen Kindern herzurennen und sie ohne Schokolade bei Laune zu halten. Endlich sanken die Kinder in dem Tohuwabohu nieder, um ein Schläfchen zu machen. Es schien nicht sehr bequem zu sein ganz ohne Kissen, und so faltete ich mein schwarzes Tuch und schob es unter ihre Köpfe; ein bisschen war noch übrig als Decke für die Beine der armen Mutter. Lächelnd schaute ich zu, wie sie einschliefen. Da hörte ich, wie mein Name aus dem Lautsprecher kam.

Man hatte den Schnee so weit räumen können, dass eine Maschine starten konnte, und Bill und ich durften mit! Ich schaute auf die schlafende Mutter und die beiden Kinder, wie sie auf mein weiches, warmes Tuch gekuschelt dalagen. Sollte ich sie wecken, um das Tuch an mich zu nehmen? Nein! Ich würde es sowieso erst wieder brauchen, wenn ich das nächste Mal in ein kaltes Klima flog. (Aber würde ich überhaupt noch lange genug leben, um wieder zu fliegen, so fertig wie ich war?) Und ich packte meine Reisetasche und marschierte mit Bill zu dem Flugzeug.

Manchmal bin ich versucht, mein schönes schwarzes Kuscheltuch zu vermissen. Dann denke ich gerne an die friedlichen schlafenden Gesichter der beiden Kinder und ihrer schwangeren Mutter. Es sind solche kleinen Liebesaugenblicke, die das Älterwerden lohnend machen. In solchen Augenblicken der Bumerang-Freude freue ich mich darüber, dass ich älter werde – charmant und in Würde älter werde, wie ich hoffe.

Kopf hoch!

Ihr werdet wie ein Garten sein, der immer genug Wasser hat, und wie eine Quelle, die niemals versiegt. (Jesaja 58,11)

Zum Beten

Vater im Himmel, danke für die Jahre, die du mir gegeben hast. Danke für all die Gelegenheiten zum Lieben und Geliebtwerden. Mit deiner Hilfe will ich sie weiter nutzen und weiter schöpfen aus diesem Kraft gebenden Brunnen des Lachens und der Freundlichkeit. Amen.

Immer mit dem Besten rechnen!

Unser ganzes Leben träumen wir von der Zukunft
und merken nicht, dass jeden Tag ein Stück von ihr verrinnt.

Als mein Verleger mich eines Wintermorgens anrief, um mir zu sagen, dass jetzt eine Million Exemplare von meinem Buch *Stick a Geranium in Your Hat** verkauft worden waren, lud der Leiter der Verkaufsabteilung Bill und mich zu einer großen Feier im Verlag ein, mit freiem Flug und allem Drum und Dran. »Oh, danke, aber das ist nicht nötig«, versicherte mein häuslicher Ehemann dem Leiter. »Barb und ich können doch auch zu Hause feiern.«

Am Nachmittag verließ er fröhlich pfeifend und mit einem entschlossenen Gesichtsausdruck das Haus – ein Mann mit einer Mission, der auszog, eine dieses unerwarteten Erfolges würdige Feier zu arrangieren. Meine Gedanken gingen auf Reisen. Mit was für einem Geschenk für mich würde er nach Hause kommen? Etwas Glitzerndes sicher, zum Beispiel ein Ring mit Stein oder vielleicht ein kleiner Diamanten-Armreif? Als er nach zwei Stunden noch nicht zurück war, stellte ich mir vor, wie er sich mit dem Chefkoch des ersten Restaurants der Stadt beriet, um ein opulentes Dinner zur Feier dieses Tages zusammenzustellen.

Ich war drauf und dran, vor Spannung zu platzen, als er endlich zur Tür hereinkam, immer noch pfeifend, aber jetzt mit einem Blick süffisanter Selbstzufriedenheit. »Hier, bitte«, sagte er stolz und reichte mir eine Plastiktüte. »Zwei Bund frischer Spargel. Ich weiß doch, wie sehr du den magst.«

Ich schaute in die Tüte. Jawohl, zwei Bund von meinem Lieblingsgemüse, grün und knackig. Bill hatte zwei Stunden lang die Geschäfte nach dieser Delikatesse abgeklappert, denn es war gerade keine Spargel-Saison. Er strahlte. »Ist ziemlich teuer um diese Jahreszeit, aber ich hab mir gedacht, du hast das verdient.«

* *Deutsch:* Freude ist die beste Medizin (Hänssler Verlag, 1995).

»O, danke, Mr. Wumpfi (mein Spitzname für Bill)«, sagte ich, nicht schlecht überrascht, statt Juwelen Spargel zu bekommen, aber ganz gerührt, welche Mühe er sich gemacht hatte. »Das ist aber echt lieb von dir.«

Manchmal steigert sich unsere Erwartung bis zum Geht-nicht-Mehr – und dann kommt die Realität, und die Erwartungen verpuffen wie das seufzende Geräusch eines abkühlenden Flötenkessels. So wie damals, als unsere vier Jungen noch klein waren und wir eines Sommermorgens in unsere Familienkutsche stiegen, um Verwandte in Minnesota zu besuchen. Am Rand der Wüste, etwa 130 Kilometer von zu Hause, kamen wir an einem Motel vorbei, dessen »Räume« wie bunte Indianer-Wigwams aussahen. Die Jungen sahen es und waren begeistert: In so einem Wigwam wollten sie auch einmal schlafen!

Sie waren so begeistert, dass ich ihnen versprach, dass wir auf dem Rückweg in diesem Motel übernachten würden, obwohl es keine hundert Meilen von zu Hause entfernt war. Mann, war das ein Ding für die Jungen! Sie malten sich aus, wie toll es wäre, in so einem Wigwam zu schlafen, in welches sie gehen würden, wie es wohl drinnen aussah und was sie nachher ihren Freunden in der Schule erzählen könnten. Jeden Tag erinnerten sie mich an mein Versprechen. Auf dem Rückweg einfach an dem Märchenmotel vorbeifahren – nicht daran zu denken!

Der Tag der Rückfahrt kam, und als das Wigwam-Motel in Sicht kam, kannte die Begeisterung der Jungen keine Grenzen. »Wir sind da!«, riefen sie, kaum dass die langen Stangen, die aus den Dächern hervorsahen, am Horizont erschienen.

Ich ging zur Rezeption, und die Jungen sprangen aus dem Auto und stritten sich alsbald darum, wer von ihnen den Schlüssel halten und die Wigwam-Tür aufschließen dürfte. Aber als die Tür dann aufging, wurden ihre Gesichter lang.

Das Zimmer war eng und dunkel. Der Teppich war teils abgewetzt, teils dreckverkrustet. Der Ventilator in der Wand hatte seine wackeren Bemühungen, die 40 Grad warme Wüstenluft zu kühlen, lange aufgegeben. Es gab keinen Fernseher und statt Dusche und WC nur ein Waschbecken in einer Ecke. Toiletten und Duschen lagen dreißig Meter entfernt in einem eigenen Gebäude.

Es wurde eine der längsten Nächte unserer Familie. Wir schwitzten halb schlaflos vor uns hin in diesem muffigheißen, fensterlosen Raum. Noch vor Sonnenaufgang waren wir wach. Nichts wie raus hier! Zum ersten Mal in der Familiengeschichte saßen die Jungen im Auto, noch bevor ich die Koffer eingeladen hatte.

Wenn ich daran zurückdenke, wie oft in meinem Leben auf freudige Erwartung die kalte Dusche der Realität gefolgt ist, bin ich dankbar dafür, dass es einen Ort gibt, der mit Sicherheit schöner sein wird, als all meine Vorfreude sich ihn ausmalen kann. Es übersteigt mein Vorstellungsvermögen, all das Wunderbare, das dort auf mich wartet. Ich weiß, dass Gott mir eine Wohnung in seinem Haus bereitet hat, die schöner als alle Luxusvillen der Erde ist, weil Gott selber mir dies in seinem Wort sagt. Von ganzem Herzen sehne ich mich danach, dort zu sein, sicher und geborgen in Gottes Himmel, Mitsängerin im Chor seiner Engel, für immer in seiner Gegenwart.

Ich hoffe, dass auch Sie dort sein werden!

Kopf hoch!

Was kein Auge jemals gesehen und kein Ohr gehört hat, worauf kein Mensch jemals gekommen ist, das hält Gott bereit für die, die ihn lieben. (1. Korinther 2,9)

Zum Beten

Lieber himmlischer Vater, hilf mir, das ganze große Bild zu sehen. Wenn Menschen und Umstände mich enttäuschen, weiß ich, dass es einen großen Plan gibt, der ein höheres Ziel als mein Vergnügen hat. Wenn ich warte, werde ich eine Freude erfahren, die nie mehr aufhört. Mache mich offen für deinen Willen und lass mich schon jetzt von deiner Gegenwart erfüllt sein. Amen.

Muskeltraining

Wenn ich mein Leben noch einmal leben könnte,
würde ich die gleichen Fehler machen, nur früher.

Kinder müssen in ihrem Leben auch kleinere Rückschläge und Enttäuschungen erfahren, damit sie lernen, wieder aufzustehen und es noch einmal zu versuchen. Wir alle müssen unsere Lebenskampfmuskeln aufbauen. Wenn Sie Ihren Kindern alle ihre Probleme immer nur abnehmen, erziehen Sie sie zu Charakterschwächlingen.

Der amerikanische Präsident Theodore Roosevelt, diese »Dampfmaschine auf zwei Beinen«, wie man ihn nannte, hatte als kleiner Junge so schlimm Asthma, dass die Ärzte ihm nicht mehr als vier Lebensjahre gaben. Wenn Teddy mitten in der Nacht nach Luft ringend aufwachte, nahm sein Vater ihn hoch und trug ihn nach draußen, wo er stundenlang mit ihm spazieren ging oder in der Kutsche fuhr. Die schützenden Arme und starken Schultern des Vaters gaben dem Kleinen Geborgenheit, die frische Luft füllte seine Lungen, dass das Keuchen und Pfeifen vorüberging. Sein Vater war immer da.

Aber dann kam der Tag, wo der ältere Roosevelt den jungen Teddy beiseite nahm und ihm sagte: »Jetzt bist du dran, mit der Krankheit fertig zu werden, Sohn. Dein Kopf ist stark, aber du musst deinen Körper kräftiger machen.« Und er half ihm, und bald war der Junge kräftig dabei, Sport zu treiben, zu jagen, Holz zu hacken und auf hundert Arten seinen Körper zu stählen.

Voller Elan packte Teddy alles an. Als er größer wurde, wurde seine Brust breiter und sein Nacken dicker. Er disziplinierte seinen Geist und seinen Körper. Er bekam nicht nur äußerlich, sondern auch seelisch Muskeln – Muskeln, die ihm Jahre später halfen, die Schicksalsschläge in seinem Leben zu überstehen. Der junge Erwachsene musste den Tod seines geliebten Vaters erleben, und dann kam die dunkelste Nacht, als innerhalb weniger Stunden seine schöne Frau und seine Mutter starben. Teddy verließ darauf Boston und begab sich in die wilden Badlands in Nord-Dakota, wo er das Leben eines Bergcowboys begann. Der Mann mit dem eleganten Oststaaten-Akzent hatte sich bald die Achtung und Bewunderung der härtesten Männer erworben. Heute sagt seine Enkelin: »Ohne die Jahre in den Badlands hätte er nie das Zeug zum Präsidenten bekommen.«

Verglichen mit jemandem wie Teddy Roosevelt mag unser Leben uns als reichlich unspektakulär erscheinen. Aber sind wir wirklich so anders? Denken wir doch einmal daran, wie unser himmlischer Vater uns durch unsere schweren Stunden trägt, uns mit seinen schützenden Armen umgibt und hilft, wieder Luft zu bekommen. Und wenn wir dann größer werden, fordert er uns auf, selber kämpfen zu lernen, und gibt uns, was wir brauchen, um innerlich Muskeln zu bekommen. Tun wir unser Teil dabei? Glauben wir seinem Wort, nehmen wir uns Zeit für ihn, tun wir, was wir irgend können? Sind wir entschlossen, den guten Kampf des Glaubens durchzukämpfen?

Manche sagen, dass Roosevelt nie über den Tod seiner Frau und seiner Mutter hinweggekommen ist. Aber nachdem er in den Badlands seine inneren Muskeln gestärkt hatte, heiratete er erneut, wurde Vater von sechs Kindern und führte ein großes Land durch eine der schwierigsten Epochen seiner Geschichte. Wir können uns von unseren Rückschlägen lähmen und verbittern lassen – oder sie uns zum Ansporn nehmen, eine bessere Welt zu schaffen. Das Problem ist, dass es heute so viele Schlafwagen gibt und so wenige Lokomotiven. Teddy war eine Lokomotive. Er war entschlossen, in den Fußstapfen seines Vaters zu gehen, und so benutzte er die Werkzeuge, die sein Vater ihm für seinen Lebenskampf gegeben hatte.

Vor einigen Jahren leerte Oprah Winfrey einen ganzen Kleiderschrank von sich; eine Frau erstand ein Paar ihrer 400-Dollar-Schuhe für ganze fünf Dollar. Später erzählte sie Oprah, wie schwierig das Leben einer allein erziehenden Mutter war, und dann fügte sie hinzu: »Wenn ich manchmal denke, ich schaffe es nicht mehr, gehe ich in die Garderobe und stelle mich in Ihre Schuhe.«

Wir mögen uns klein und wie geistliche Asthmatiker vorkommen, aber Gott ist da, und er hilft uns, unsere inneren Muskeln zu trainieren. Er weiß, dass wir sie brauchen, um den herrlichen Plan, den er für uns hat, auszuleben. Er hat einen großen Traum, eine helle Zukunft für uns. Aber um wirklich das zu werden, was wir werden können, müssen wir stark genug werden, um zu kämpfen, zu überwinden und andere Menschen in Gottes Reich hineinzulieben.

Also ran an die Arbeit! Beginnen wir das geistliche Gewichtheben. Boxen wir mit den Gespenstern, die unsere Seele belagern. Laufen wir. Gewöhnen wir uns an die rauen Ritte durch die Badlands des Satans. Haben wir keine Angst vor Fehlern und Niederlagen; sie sind die Bausteine für unsere Erfolge. Vergessen wir nicht: Entschlossenheit und Treue sind die Nägel, mit denen Gottes Traumhaus gezimmert wird.

Kopf hoch!

Denn ich weiß wohl, was ich für Gedanken über euch habe, spricht der Herr: Gedanken des Friedens und nicht des Leides, dass ich euch gebe Zukunft und Hoffnung. (Jeremia 29,11, Luther)

Zum Beten

Lieber Herr, manchmal fühle ich mich so schwach, aber ich weigere mich aufzugeben. Bitte hilf mir, deine Gegenwart zu spüren. Du läufst neben mir. Du liebst mich genug, um mir Kämpfe zu geben, die meine Muskeln stärken. Dann werde ich stark sein, und du wirst mich in deinen großen Traum hineinführen. Amen.

Reifenwechsel

Mein Karma hat gerade mein Dogma überfahren.

In dieser verrückten Zeit ist es schön zu wissen, dass es immer noch Menschen gibt, die sich nicht zu gut für einfache Arbeiten sind und die mit ihren altmodischen Tugenden die Welt zusammenhalten. Beispiele dafür gibt es überall um uns herum. Es gibt sie noch, die Menschen, die auch in schweren Zeiten ihren Glauben nicht aufgeben. Und wenn das Leben sie mit Erfolgen segnet, bleiben sie doch so, wie sie sind: demütig und freundlich.

Die halbe Nacht hatte er gearbeitet, der »Precious-Moments«-Maler Sam Butcher. Aber kaum war der Morgen da, kamen schon die ersten Busse mit Reisegruppen an, die die berühmte »Precious-Moments«- (»Kostbare-Augenblicke«-) Kapelle in Carthage (Missouri) besuchen wollten. Viele der Besucher erkannten den bekannten Künstler prompt und baten um ein Autogramm. Mehrere Signierstunden später stieg der erschöpfte Sam endlich in sein Auto, um durch den Regen nach Hause zu fahren.

Kaum hatte er die Landstraße erreicht, als er einen Kleinbus am Straßenrand stehen sah. Daneben standen mehrere Frauen, die mit Kummermiene einen Plattfuß betrachteten. Sam hielt hinter ihnen an und stieg aus, um die Sache zu inspizieren. Die Damen hatten nicht den richtigen Wagenheber, und so holte Sam seinen aus dem Kofferraum und kniete sich in den Dreck, um den Reifen zu wechseln. Die Fahrerin erzählte ihm, dass sie aus dem fernen Pennsylvania gekommen waren, um die »Precious-Moments«-Kirche »da hinten« zu besuchen.

»Waren Sie auch schon mal da?«, fragte sie. Sam nickte.

Die Dame fuhr fort: »Der Besuch war ein voller Erfolg, bis auf eine Sache. Als wir gehen wollten, hörten wir, dass der Künstler da ist und Statuetten signiert. Wir hätten so gerne auch etwas signiert bekommen, aber die Schlange war zu lang, und wir mussten doch wieder nach Hause. Und jetzt sitzen wir hier mit unserem Platten!«

»Das ist ja arg«, sagte Sam, während er das Rad fertig montierte. »Wenn ich mir die Hände abgewischt hab, signier ich Ihnen gerne alles.«

Der Unterkiefer der Frau klappte nach unten. »Sie? Ja, sind Sie etwa der berühmte Sam Butcher? Wie kommt denn jemand wie Sie dazu, wildfremden Leuten einen Reifen zu wechseln?«

Sam antwortete: »Weil er einen Platten hat.«

Und er signierte artig alles, was die Damen ihm hinhielten, und ließ sie trotz Regen lächelnd zurück. Der Plattfuß war zum Freudenbumerang geworden für diese Frauenreisegesellschaft aus Pennsylvania.

Jedes Mal, wenn wir uns Zeit nehmen, anderen zu helfen, haben wir eine Gelegenheit, ihnen Bumerangfreude zu bringen. Bei Sam Butcher war der Bumerang der richtige Wagenheber. Aber man braucht nicht berühmt oder wichtig oder ein Star zu sein. Seien wir einfach – wir selber; bleiben wir uns selber und den Werten, die uns auf dem Boden der hilfsbereiten Freundlichkeit halten, treu.

Halten Sie Ausschau nach den Überraschungsbumerangs in Ihrem Leben. Horchen Sie auf das schwirrende Geräusch, das ihr Kommen ankündigt. Halten Sie Verbindung zu ihren Mitmenschen, suchen Sie Dinge, die Ihnen Freude bringen. Träumen Sie fleißig. Beten Sie voll Zuversicht. Aber passen Sie auf, um was Sie beten, denn alles ist möglich durch die Macht des Gebets!

Kopf hoch!

Gebt, so wird euch gegeben. Ein volles, gedrücktes, gerütteltes und überfließendes Maß wird man in euren Schoß geben; denn eben mit dem Maß, mit dem ihr messt, wird man euch wieder messen.
(Lukas 6,38, Luther)

Zum Beten

Lieber Vater, ich liebe die Art, wie du mich mit Freude überraschst. Wer dich kennt, für den ist das Leben nie eine öde Tretmühle. Hilf mir, weiter die Menschen zu lieben und Gutes zu tun. Ich möchte der Welt ein volles Maß geben, solange ich in ihr lebe. Und ich brauche deine Freude! Amen.

Gottes Tränenflasche

Wer anderen die Tränen trocknen will,
muss erst selber weinen.

Vor einiger Zeit ging ich zu meinem Arzt, weil die Augen mir wehtaten. Ich fliege viel, und offenbar trocknet die Luft in den Flugzeugkabinen meine Tränengänge aus. Der Doktor empfahl mir eine künstliche Tränenflüssigkeit zur Befeuchtung der Augen. Ich lachte. Da musste ich künstliche Tränen in einer Flasche kaufen, wo ich doch jahrelang nicht gewusst hatte, wie ich meine eigenen stoppen sollte! Damals war mir jene Bibelstelle ein großer Trost gewesen, wo es heißt, dass Gott unsere Tränen in *seiner Flasche (oder »Krug«) sammelt (Psalm 56,9).*

Frederick Buechner hat einmal gesagt: »Wenn wir Tränen in unseren Augen finden, vor allem unerwartete Tränen, sollten wir aufmerken.« Warum kämpfen wir so oft gegen unsere Tränen an? Wie jene Frau, die die Zeiten in ihrem Leben, wo sie viel weinen muss, mit einem Zug vergleicht, der zur falschen Zeit in den falschen Bahnhof einfährt, oder mit einer Räuberbande, die »Hände hoch!« schreit. Für sie sind Tränen wie ein Überfall.

Selbst Freudentränen können uns überrascht und verlegen machen. Viele von uns weinen beim Happyend in einem Film oder Roman, bei der Hochzeit der Tochter oder dem Examen des Sohnes oder wenn ein großes Unglück gerade noch einmal an ihnen vorbeigegangen ist. Aber manche Forscher behaupten, dass es sie gar nicht gibt, die Freudentränen. Was aus unseren Augen fließt, wenn wir Zeugen des Glückes anderer Menschen werden, so sagen sie, sei nichts anderes als die in uns aufgestaute Traurigkeit und Angst und Sorge, die wir nicht länger unterdrücken können. Im wirklichen Leben gebe es nur selten ein Happyend und wenn einmal eines komme, wühle es unsere vergangenen Sorgen und Ängste auf. Der Mensch sei ein selbstsüchtiges Tier, und die Mutter, die bei der Hochzeit weint, weine in Wirklichkeit über ihre eigene unglückliche Ehe. Kurz: Wir weinen, weil die wirkliche Welt nicht so glücklich ist, wie wir es gerne hätten.

Ob sie Recht haben, die Experten? Ich glaube nicht, denn ich glaube, dass die Welt von der Hand eines liebenden Gottes geschaffen wurde. Die Bibel sagt uns, dass wir Ostermenschen sind, die in einer Karfreitagswelt leben, und nicht Karfreitagsmenschen, die sich in eine Osterwelt verlaufen haben, und dies bedeutet doch, dass Gott uns zur Freude bestimmt hat, egal wie schwierig unser Alltag ist. Das Glück, das unsere Mitmenschen erfahren, lässt eine Saite in uns erklingen, weil wir einen Blick auf das Leben erhaschen, wie Gott es sich gedacht hat! Es ist ein Bild, das den Geist des Ostermorgens atmet – rein, stark, mächtig, wie die Auferstehung.

Also los: Helfen wir mit, so viele Happyends zu schaffen, wie wir können! Haben wir keine Angst vor unseren Tränen. Oder vor denen der Nachbarn, Verwandten, Freunde oder Fremden. Wir werden unser Quantum Karfreitag haben im Leben, aber Ostern kommt. Feuchte Augen sind gesund. Zitternde Lippen sind nichts Unanständiges. Eine zitternde Stimme tut niemand weh. Mag sein, dass Tränen manche Menschen verunsichern und andere in Deckung gehen lassen, aber sie sind Botschaften ohne Worte – Signale, dass hier etwas Tieferes ist.

Wenn Sie weinen, ist das ein Zeichen, dass Ihr Herz noch nicht verhärtet ist. Wenn Ihr Herz gebrochen ist, dann seien Sie dankbar, dass es noch schlägt und dass Ihre Gefühle nicht versiegt sind. Wenn ein Lied oder Buch Sie zu Tränen rührt, dann freuen Sie sich, dass sein Verfasser Ihr Gefühlsuniversum erweitert hat. Und wenn Sie Tränen der Wut oder gar des Hasses vergießen, dann machen diese Tränen Ihren Zorn gleichsam weicher. Lassen Sie sich Ihr weiches Herz von nichts und niemand nehmen; es ist einer der kostbarsten Schätze, die Sie haben. Lassen Sie Ihren Gefühlen und Ihren Tränen ihren Lauf. Aber vergessen Sie auch nicht, dass das Blau des Himmels viel höher ist als die grauen Wolken.

Lassen wir unser Leben reich an Tränen sein: Tränen des Mitleids, wenn wir im Fernsehen ein hungerndes Kind sehen; Tränen der Traurigkeit, wenn ein lieber Mensch krank ist; Tränen der Angst und des Schmerzes, ob seelisch oder körperlich; Tränen der Enttäuschung, Ernüchterung, Verzweiflung. Lassen wir sie fließen, die Tränen der Reue, der Erneuerung und der Freude. Und vergessen wir nicht, dass die wirksamste Wasserkraft in der Welt Kindertränen sind. Sogar, wenn es Krokodilstränen sind (wo kommt der Ausdruck bloß her?).

Was rührt Sie zu Tränen? Weinen Sie vielleicht jetzt gerade? Vergessen Sie nicht: Ihre Tränen sind Gott kostbar. Sie sind wie Buntglasfenster in der Dunkelheit, deren wahre Schönheit sich erst zeigt, wenn drinnen ein Licht ist.

Kopf hoch!

Jesus fing an zu weinen. (Johannes 11,35)

Zum Beten

Vater, manchmal bin ich den Tränen so nahe, aber habe Angst, sie herauszulassen. Und dann fließen und fließen sie wieder, und ich will sie stoppen und kann nicht. Von jetzt an sollen sie mir ein Zeichen dafür sein, dass du mir ganz nah bist. Amen.

Angeschmiert!

Wer den Kopf schön hoch hält,
der knallt ihn gegen den Türrahmen.

Warum hören wir nicht mehr über Humor in der Bibel? Oder haben Sie schon mal ein Bild gesehen, wo Jesus den Kopf nach hinten wirft und so herzlich lacht, dass man es förmlich hören kann? Ich glaube, die Menschen mit dem größten Humor sind die, die ihre Bibel am besten kennen. Wie Billy Grahams Frau, Ruth, die auf dem Missisonsfeld aufwuchs. Als sie noch nicht verheiratet waren, verkleidete sie sich einmal als alte Vogelscheuche und begann, mit Billy auf dem College-Campus zu flirten. Was staunte Billy, als sie ihre Verkleidung herunterriss und rief: »Angeschmiert!«

Was habe ich Erma Bombeck gerne gelesen. Sie war genau meine Kragenweite, sie lachte über Dinge, die ich verstehen konnte. Wie in diesem Beispiel: »Bei einem Fitnessprogramm macht man seine Gymnastik, während man den Hausputz macht. ›Beugen Sie sich über Ihren Staubsauger und strecken Sie das rechte Bein nach hinten, während Ihr Kopf das Knie des linken Beines berührt‹ – klang ganz einfach. Bis der Sauger meinen Morgenmantel einsaugte, dass ich fast in Ohnmacht fiel!«

Das Leben kriegt einen immer. Der beste Rat für jeden neuen Tag lautet: Hoffe das Beste, mache dich auf das Schlimmste gefasst und dann nimm, was Gott dir schickt. Was passiert, wenn das Leben gerade super läuft, und dann – Zack! – kommt ein Problem daher und katapultiert einen in ein tiefes Loch? Nun, ich kann zum Beispiel sagen: »Prima! Der fruchtbarste Boden ist da, wo der Dünger liegt.« Versuchen Sie, das Komische in Ihrem Fiasko zu sehen. Verlieren Sie nicht die Hoffnung, dass irgendwo weiter vorne ein Segen wartet, extra für Sie. Stellen Sie sich Jesus vor, wie er lachend seinen Kopf zurückwirft, wenn er daran denkt, was er für Sie noch auf Lager hat. Paulus rät uns, unsere Gedanken auf das zu richten, was rechtschaffen, ehrbar, gerecht, rein, liebenswert und ansprechend ist, »auf alles, was Tugend heißt und

Lob verdient ... Gott, der Frieden schenkt, wird euch beistehen!« (Philipper 4,8-9).

Bauen Sie sich einen inneren Scheibenwischer, um die schlechten Gedanken wegzuschieben, die auf Ihr Leben spritzen. Fahren Sie weiter, und Sie werden herauskommen aus der dunklen Wolke über Ihrem Leben.

Ja, das Leben kriegt einen – dann, wenn man es am wenigsten erwartet. Aber denken Sie nur einmal an das Gesicht der Maria Magdalena, als sie merkte, dass der Mann, der da in dem Garten ihren Namen sagte, ja Jesus war! Sie hatte doch unter seinem Kreuz gestanden und gesehen, wie sein Blut hinunterlief, sie hatte Spezereien zu seinem Grab gebracht. Und da stand er auf einmal und sprach mit ihr! Wie die Sonne muss er gelächelt haben, als er das tat. Dieser Augenblick, er war das größte »Angeschmiert!« in der Geschichte.

Haben Sie den Tod eines lieben Menschen, einen schmerzlichen Verlust hinter sich? Glauben Sie mir: *Sie werden wieder lachen!* Halten Sie sich an Ihrer Hoffnung fest. Seien Sie offen für eine gute Zukunft. Das schlimmste Grab ist das eines verschlossenen Herzens. Und vergessen Sie nicht: Es ist nie ein Fehler, sich dem Lachen zuzuwenden, denn Lachen – das ist ein Zeichen, dass Gottes Hand auf dieser armen Welt liegt!

Kopf hoch!

Doch mein Weg ist ihm lange schon bekannt; wenn er mich prüft, dann bin ich rein wie Gold. (Hiob 23,10)

Zum Beten

Lieber Gott, ich sehe, wie du heute lächelst. Und trotz der Prüfungen und Nöte, durch die ich gerade gehe, sehe ich dich lachen. Ich weiß, dass du siehst, was ich nicht sehen kann, und so bitte ich dich nicht um Erfolg, sondern einfach um die Kraft, deinen Zeitplan und dein Wirken anzunehmen. Ich weiß, dass du mich tief und freudig liebst. Amen.

Das Öl des Gebets

Recht Beten ist die halbe Arbeit. (Sprichwort)

Das Gebet ist der Ort, wo Lasten verschoben werden. Kennen Sie auch die Freude, neben Jesus zu treten, Ihre Schulter neben der seinen? Wie er dann seinen Arm um Sie legt und Sie noch näher zieht, wie er Worte des Lebens in Ihr Ohr spricht, seine starken Hände unter die Last auf Ihrem Rücken legt? Sie gehen weiter, und auf einmal merken Sie, dass die Last ja viel leichter geworden ist. Überrascht blicken Sie auf – und sehen, dass Jesus vor Ihnen hergeht und dass der Großteil der Last auf seinen Schultern liegt.

Das Leben ist wie eine Eistüte – wenn man gerade denkt, man hat es fertig geleckt, tropft es einem das ganze Kleid voll. Ein Experte in der Kunst des Überlebens rät seinen Lesern, dann, wenn der Weg hart wird, einfach den Kopf unter ein Kissen zu stecken und aus voller Kehle zu schreien. Ich ziehe da einen anderen Rat vor: »Selig sind die Flexiblen, denn sie werden nicht verbogen!« Das Gebet ist das Öl, das unsere Seele geschmeidig unter Gottes Hand hält. Benutzen Sie dieses Öl vor dem Einschlafen, und Sie brauchen das Schreikissen nicht.

Ein kleiner Junge hat diese Wahrheit in einem Aufsatz über Gott so ausgedrückt:

> Gottes zweitwichtigste Aufgabe ist, sich die Gebete anzuhören. Gebete gibt es furchtbar viele, da manche Leute, wie der Pastor, dauernd beten, und nicht nur vor dem Zubettgehen ... Gott sieht alles und hört alles und ist überall. Was ihn ziemlich beschäftigt hält. Man sollte ihm also nicht die Zeit stehlen, indem man ihn um was bittet, wo die Eltern schon Nein gesagt haben.
> Jesus hilft ihm dabei. Er hört sich die Gebete an und entscheidet, welche so wichtig sind, dass Gott sich selber drum kümmern muss, und welche er selbst erledigen kann, ohne Gott zu belästigen. Man kann jederzeit beten, und die beiden hören einen bestimmt, denn sie haben es so eingerichtet, dass einer immer im Dienst ist.

Gott ist immer im Dienst im Tempel unseres Herzens, seiner Wohnung. Sie brauchen nicht steif und förmlich werden, um zu beten. Setzen Sie sich bequem in den alten Schaukelstuhl des Vertrauens, legen Sie die Decke des Glaubens um sich und dann reden Sie mit Gott. Dies ist der Ort, wo jemand zu Ihnen kommt, der Ihnen Ihren Schmerz abnimmt und zu seinem Schatz macht.

Manchmal spüren Sie, wie neue Hoffnung in Ihnen aufsteigt. Das ist dann, als wenn man nach einer langen Nacht die Sonne aufgehen sieht. Aber auch wenn es noch dunkel ist am Ende Ihres Gebets, Gott ist bei Ihnen und versichert Sie seiner Fürsorge. Bleiben Sie im Gebet. Gott wird Holz auf das Feuer nachlegen und Sie noch näher ziehen. Widerstehen Sie dem Bedürfnis zu klagen, denn, wie jemand einmal gesagt hat, je mehr wir klagen, umso länger lässt Gott uns leben. Stecken Sie alle Ihre Sorgen in eine große Kiste, und dann setzen Sie sich auf den Deckel und preisen Sie den Herrn, der Sie so liebt.

»Du möchtest wissen, ob ich deine Not verstehe?«, fragt er. »Warte es ab. Du kannst die Uhr nicht zurückstellen, aber ich kann sie wieder aufziehen!«

Er fragt: »Du möchtest, dass ich dich mit Segen überschütte? Warte einfach, und vergiss nicht deinen Regenschirm!«

Beten heißt: Ich strecke mich nach meinem Schöpfer aus. Und ich spüre seine Hand, und er berührt mich. Aber das Gebet ist keine Zauberei. Jesus ist nicht in die Welt gekommen, um unser Leiden einszweidrei verschwinden zu lassen, sondern um uns mit seiner Gegenwart zu füllen. Christen sind wie Klaviere – sie sind groß oder klein, laut oder leise, aber sie sind zu nichts zu gebrauchen, wenn sie nicht richtig gestimmt sind. Wenn Sie in Harmonie mit Jesus sein wollen, dann befolgen Sie seinen Ruf ins Gebet (Matthäus 6,6). Er hat verheißen, dass unser Vater, der in das Verborgene sieht, es uns lohnen wird. Und vielleicht wird der Vater uns ganz neu »spielen« dabei, unserem Leiden ungeahnte Harmonien entlocken, ein neues Lied aus unserem Leben machen.

Sagen Sie Gott alle Ihre Not und danken Sie ihm, wenn er Sie erhört hat. Das Gebet ist eine Investition auf lange Sicht, die unser Leben geborgener macht, weil Gott selber unser Beschützer ist. Beten Sie weiter, jeden Tag, denn das Gebet ist der Schlüssel des Morgens und der Riegel des Abends. Gott wartet darauf, von Ihnen zu hören.

Kopf hoch!

Wenn du beten willst, dann geh in dein Zimmer, schließ die Tür zu und bete ... (Matthäus 6,6)

Zum Beten

Himmlischer Vater, danke für die Gabe des Gebets. Vergib mir, wo ich nicht mit dir in Verbindung bleibe, damit du mein Leben richtig stimmen kannst. Ich lege mich und alle meine Pflichten und Lasten, große wie kleine, vor deine Füße, und du schenkst mir dafür deine Liebe und Glauben. Mache mich zu einem Werkzeug deines Friedens, das du gebrauchen kannst. Amen.

Nachwuchspflege

Eltern brauchen Beschäftigung.

Wenn Muttersein etwas Einfaches wäre, würde es nicht mit *Wehen* anfangen. Kinder können ein harter Test für die Geduld der Eltern sein – und für ihren Ordnungssinn. In einem letzten Versuch, das Haus vor dem totalen Chaos zu retten, ging eine gestresste Mutter daran, überall im Haus kleine Merkzettel anzubringen.

> Im Kühlschrank: »Speisen, die grün werden, bitte entfernen, bevor sie weglaufen.«
> In den Zimmern: »Selber die Betten machen ist keine Kindesmisshandlung.«
> Auf dem Wäschetrockner: »Bitte die Socken sortieren – nach Farbe oder Muster, ganz egal.«
> Im Wohnzimmer: »Kleider haben keine Räder; bitte selber wegtragen.«
> In der Toilette: »Bei uns darf jeder spülen; bitte den Hebel fest drücken.«
> Auf der Badewanne: »Nach neuesten Erkenntnissen löst sich Seife in Wasser vollständig auf.«

Kinder erziehen hält einen auf Trab. Wir warten dauernd darauf, dass es einfacher wird, aber das kommt nie. Wenn Sie auch zu den Eltern gehören, die an Einstellungsverkalkung leiden und *immer* Recht haben, können Sie sich in die Mutter hineinfühlen, die in einem Kartenladen verzweifelt die *Ich hab's dir ja gleich gesagt*-Serie suchte. Sind Sie die große Chefin, die immer Recht hat? Dann ist es Zeit abzutreten. Fragen Sie sich: *Wird es den Gang der Geschichte ändern, wenn ich Recht habe?* Tun Sie ihn, den mutigen Schritt, und geben Sie es ruhig zu: Es ist falsch, immer Recht zu haben. Kindern ist egal, wie viel Wissen wir im Kopf haben, solange sie nicht wissen, wie viel Liebe wir im Herzen haben.

Wenn es nicht so gut läuft zwischen Ihnen und Ihren Kindern, dann trösten Sie sich damit, dass es ja noch viel schlimmer sein könnte. Glauben Sie mir, ich kenne mich da aus! Und wenn es dann wirklich noch schlimmer wird, dann Kopf hoch: Ab jetzt kann es nur besser werden. Mutter sein ist ein hartes Geschäft. Sofortmaßnahmen gegen den Stress: ein kurzer Mittagsschlaf oder ein langer Spaziergang. Und halten Sie stets Ihren Sinn für Humor bereit, der wie eine Nadel und Faden so viel flicken kann!

Kinder sind ständig am lernen, vor allem die Dinge, die wir ihnen gerade *nicht* beibringen wollen. Sie lernen zum Beispiel, dass Kinder, die nicht mehr an den Weihnachtsmann glauben, Unterwäsche zu Weihnachten bekommen. Widerstehen Sie der Versuchung zu predigen. Hören Sie Ihren Kindern zu, damit Sie wissen, was sie beschäftigt.

Denken Sie daran: Geduld ist die Fähigkeit, den Leerlauf einzulegen, wenn einem nach einem Kavalierstart zumute ist.

Und Seiltänzer sind wir Mütter auch – aber ohne Netz! Todesängste? Nichts zu machen, wir müssen weiter nach vorne gehen und immer schön nach oben schauen. Wir kochen das Essen, die Kinder schlingen es hinunter; wir sorgen für die Ordnung, die Kids für den Trouble. »Kinder machen ein Haus heller.« Bevor Sie Ihre kriegten, konnten Sie das nur glauben. Jetzt wissen Sie es; sie knipsen nie das Licht aus. Richtig nach oben schauen, hinauf zu unserem himmlischen Vater, und ihn kennen und lieben – das ist das Allerbeste, was Eltern wie Kinder tun können.

Mit Ihrer Entscheidung, Mutter zu werden, gaben Sie Ihrem Herzen die Erlaubnis, für immer aus Ihrem Körper auszuziehen. Als die Hebamme das kleine zappelnde Etwas in Ihre Arme legte, da wussten Sie, dass das Leben nie mehr so sein würde wie vorher. Wenn die Kleinen dann größer werden und kommen und gehen, halten Sie die Tür stets offen für sie. Und nicht vergessen: Mütter sollten wie gute Bettdecken sein, die warm halten, ohne einen zu ersticken.

Kinder sind wie Schwämme – sie saugen all unsere Kraft auf, aber einmal drücken und wir kriegen es alles zurück! Es ist ein heißer Job, Kinder aufzuziehen – immer schön cool bleiben!

Kopf hoch!

Aber gebt Acht, dass ihr nie vergesst, was ihr mit eigenen Augen gesehen habt! Haltet die Erinnerung daran euer Leben lang lebendig, und erzählt es euren Kindern und Enkeln weiter. (5. Mose 4,9)

Zum Beten

Gott, du hast mir diese wunderbaren Gaben geschenkt – meine Kinder! Sie sind so wahnsinnig süß und irritierend, liebenswert und lästig, clever und leichtsinnig – alles gleichzeitig! Zeige mir, wie ich sie in dir aufziehen kann, sodass sie immer den Weg zurück zu dir finden. Danke für die Freude, die sie mir bringen. Und für die Arbeit. Ich liebe sie (und dich). Amen.

Blutstiller

Ein Optimist ist ein Mensch,
der immer das Positive an den Problemen der anderen sieht.

Gott hat mich auf diese Erde gesetzt, um bestimmte Dinge zu tun. Aber zurzeit bin ich so im Rückstand, dass ich wohl nie sterben werden. Bill und ich wohnen in einem großen Wohnwagen. Hier haben wir unser Büro, das jedes Jahr Tausende von »Besuchern« empfängt. Die meisten sind handgeschriebene Briefe von Menschen, die meine Bücher gelesen haben. Was halten diese Briefe mich auf Trab! Ein typisches Exemplar beschreibt eingehend die Krise, in der die Familie gerade steckt, und dann kommt ein Satz wie: »Ich fühle mich, als ob ich in einem schwarzen Loch versinke, und frage mich, wie alles werden soll.« Familien sind wie alte Schüsseln – irgendwo haben sie immer einen Sprung. Wir alle haben Stolpersteine und schwarze Schafe in unserem Leben, und manchmal ist die einzige Möglichkeit, Luft zu holen, dass wir einmal etwas richtig Verrücktes tun.

Heute holte ich mir einige dieser Brief wieder vor, um sie noch einmal zu lesen. Ich staunte, wie vielfältig die Nöte sind und wie tief der Schmerz. Aber ist der Schmerz nicht manchmal ein Zeichen für ein sensibles Herz? Nur der Liebende kann verletzt werden. Wie Mutter Teresa es ausdrückte: »Lebendige Liebe tut weh.« Fürsorgliche Liebe ist ein Geschenk, das ich meinen Mitmenschen mache, und christliche Frauen sind gut in solcher Liebe. Der Schmerz, den wir manchmal davon bekommen, ist ein Zeichen, dass wir noch unter den Lebenden sind und dass unser Herz noch weich ist.

Während ich diese Zeilen tippe, blutet mein Finger die Tasten meiner Schreibmaschine voll. Letztes Wochenende half ich einer allein erziehenden Mutter beim Umzug. Als ich den Fußboden saugte, sah ich etwas, das zu groß für den Staubsauger war, und hob es auf. Ich merkte nicht, dass ich gerade einen winzigen Rasierer in meine Tasche gesteckt hatte. Heute Morgen zog ich die Hosen an, die ich an jenem Tag trug, und steckte meine Hände in die Taschen. Da mir der Verbandmull gerade ausgegangen war, habe ich meinen mittlerweile pochenden Finger mit Papiertaschentüchern und Klebeband verarztet. Der Schnitt ist tiefer, als ich dachte. Aber meine Termine warten nicht, und so tippe ich, bluten oder nicht bluten – und die Briefe, die ich beim Schreiben lese, sind mit echtem Blut verfleckt, als Bild für zerbrochene liebende Herzen.

Die Briefeschreiberinnen, sie wissen nicht, dass sie nicht so allein sind, wie sie glauben. Sie merken nicht, dass sie viele Schwestern haben, deren Herzen bluten, weil sie lieben. Meine kleine Wunde hilft mir, mich mit ihrem Schmerz zu identifizieren, und ich begreife: Mitleid – das ist, wenn *dein* Schmerz in *meinem* Herzen ist.

Wir können dem Unglück nicht immer ausweichen. Manchmal merken wir, dass das Licht am Ende des Tunnels ein Zug ist, der auf uns zurast. Aber der Teufel wird nicht siegen! Was immer auch geschieht, christliche Frauen setzen weiter ihr Herz ein, mit aller Kraft.

Meine selbst gebastelten Verbände halten nicht lange, aber endlich, endlich hört das Bluten auf. Mein Finger heilt sich selber. So heilt Gott zerbrochene Herzen – mit Zeit und liebender Pflege.

Bill und ich sagen den Leuten oft: »Wenn die Aussichten schlecht sind, dann schau nach oben; Gott hat seine Hand auf dir.« Viele der Briefeschreiber bestellen Bücher und Kassetten und bitten uns, sie in neutraler Verpackung zu schicken. Als Eltern schwuler Kinder sind sie oft so allein mit ihrem Schmerz und ihrer Scham. Wir sagen ihnen: »Offenheit verhält sich zu Gesundheit wie Heimlichkeit zu Krankheit.« Und wir bleiben in Verbindung mit ihnen über unseren Monatsrundbrief, den ich schreibe und den Bill vervielfältigt und den wir beide falten, in die Umschläge stecken und adressieren. Wenn wir die Briefe dann zur Post geben, beten wir darum, dass sie ein Rettungsseil für Menschen in Not sein mögen.

Wir kriegen kein Gehalt oder eine Provision für unsere Arbeit. Aber dafür Briefe, die uns beweisen, dass wir etwas ausrichten mit unserem Hilfswerk. Und jede Menge lustiges Zeug für unser Freudenzimmer. Die Freude, die wir verschenkt haben, ist zum Bumerang geworden!

Ich habe die Erfahrung gemacht, dass das Beste, an was wir uns in diesem Leben halten können, unsere Nächsten sind. Und wenn das nicht glückt, sind immer noch Gottes Hände da, die uns halten. Wenn jemand mir eine kalte Dusche verpasst, dann nehme ich das Wasser, heize es in meinem Begeisterungsboiler auf und lasse mich von dem Dampf antreiben. Lieben und leben in der Kraft des Herrn – das ist mein Motto auf meiner langen Reise.

An manchen Tagen schaffe ich meine Nummer ausnahmsweise ganz gut – und dann kommt prompt der Vorhang! So ist das Leben, und oft sage ich Gott: »Dass ich wie ein Hamster im Laufrad bin, ist ja okay, aber ein paar mehr Körner wären nicht schlecht.«

Am Ende jeden Tages übergebe ich alle meine Probleme dem Heiligen Geist. Alle. Ich bin so dankbar, dass er bis in die Nacht aufbleibt, um sich um sie zu kümmern. Und dann lege ich mich schlafen, geborgen in dem Wissen, dass aus Scherben Segen werden kann, wenn ich die Scherben Christus gebe!

Kopf hoch!

Ihr werdet mit Freuden Wasser schöpfen aus den Heilsbrunnen. Und ihr werdet sagen zu der Zeit: ... Jauchze und rühme ...«
(Jesaja 12,3-4.6, Luther)

Zum Beten

Lieber himmlischer Vater, du schenkst mir so viele Gelegenheiten, Freude zu finden, wo ich sie nicht vermutet habe. Wie ein Schatzsucher suche ich sie. Bitte segne mich und meine Glaubensgeschwister, deren Wunden trotz aller Verbände nicht aufhören wollen zu bluten. Danke, dass Schmerz ein Zeichen dafür ist, dass wir noch leben und lieben. Keiner kann uns das nehmen. Amen.

Weihnachtsfreude

Jeden Tag kriegen wir Geschenke.
Wir müssen sie nur auspacken.

Weihnachtseinkäufe! Wann beginnen Sie damit? Ich kenne Frauen, die am 27. Dezember anfangen. Sie kaufen Christbaumschmuck und anderes zum halben Preis und suchen geplünderte Regale nach Geschenken durch. Sie basteln den ganzen Winter schöne Sachen, die sie dann für nächstes Jahr in den Schrank legen. Im Juli sind sie fertig mit ihren Weihnachtsvorbereitungen, und den Dezember verbringen sie in aller Gemütlichkeit vor dem heimischen Kamin.

Andere fahren irgendwann nach dem Zweiten Advent zum großen Weihnachtsshopping in die Stadt. Sie möchten sie nicht missen, die Weihnachtsmärkte und Nikoläuse und Drehorgeln und Lichterketten. Und dann gibt es natürlich noch solche, die erst im Januar ihre Weihnachtskarten verschicken und ganz stolz sind, wenn sie es einmal bereits zum 24. Dezember geschafft haben.

Haben Sie sich auch schon gewünscht, sich die ganze Rennerei zu sparen, indem Sie ein Geschenk haben, das für jeden auf Ihrer Liste passt? Etwas Persönliches, Praktisches, das man nicht abstauben muss und sofort benutzen kann, das perfekt sitzt und ewig und drei Tage hält? Eine Dame berichtete mir, dass sie es gefunden hatte: ein Gutschein für eine Grippe-Impfung! Eine andere Dame schenkte ihren figurbewussten Freundinnen eine Liste der Vorteile, die die Feiertage für die Molligen haben:

1. Sie brauchen keine Polsterung für den Weihnachtsmannanzug.
2. Sie brauchen nicht so viel Wasser, um die Badewanne zu füllen.
3. Sie brauchen ihre Kleider nicht in der Rap-Musik-Abteilung zu kaufen.
4. Sie bieten mehr zum Liebhaben!

Was werden die Damen sich gefreut haben.

Wir wünschen uns jedes Jahr fröhliche Weihnachten, aber viele Menschen fühlen sich an diesen Tagen gar nicht fröhlich. Erfüllt der Gedanke an die »Feiertage« Sie mit Vorfreude oder mit heimlichem Grausen? Selbst in den besten Familien ist nicht immer Friede, Freude, Eierkuchen. Der Druck der Erwartungen führt uns oft in eine Stress-Falle hinein, die unsere Freude sabotieren kann. Und Weihnachten ist auch die Zeit im Jahr, wo die Erinnerung an das, was wir im Leben verloren haben, sich am schmerzlichsten meldet.

Ja, sie haben mehrere Gesichter, unsere Feiertage, aber das dürfen sie auch haben. Unsere Rituale und Traditionen mögen Freude und Trauer zum Ausdruck bringen, immer aber bereichern sie unser Familienleben. Ehrlich seine Gefühle hinauslassen hilft allen, heiler zu werden. Da es meist die Frauen sind, die für die Familienfeiern zuständig sind, ist es gut, wenn wir um diese Dinge wissen. Unser Weihnachten muss nicht so perfekt und glamourös wie in den Illustrierten sein.

Vielleicht wird es eher einem Gemälde von Thomas Kinkade ähneln. In Kinkades Werken strömt Licht aus den Fenstern gemütlicher kleiner Dorfhäuser oder Kirchen in die Welt draußen. Nie lässt er uns einen Blick ins Innere der Häuser erhaschen. Wir wissen nicht, was hinter den verschlossenen Türen gerade vor sich geht, wir wissen nur, dass die Menschen, die dort wohnen, im Licht sind. Und dieses Licht strahlt nach außen wie eine Einladung zu einem Fest.

Es muss ja nichts so bleiben, wie wir es von alters her gewohnt sind. Warum muss beim nächsten Weihnachtsfest alles genauso sein, wie es immer war? Führen wir einfach jedes Jahr ein oder zwei neue Traditionen ein; suchen wir zündende Ideen, um das Fest für unsere Familie zu verbessern. Lassen Sie Ihre Kinder, auch die ganz kleinen, ihre Meinungen und Wünsche äußern. Machen Sie es nicht kompliziert, machen Sie in Familie. Worüber lachen Ihre Kinder? Was wärmt das Herz Ihres Mannes? Was macht Ihnen Spaß? Die besten Dinge müssen nicht die teuersten sein. Das Beste kommt aus dem Herzen.

Als Christen wissen wir, warum wir Weihnachten feiern. Der Stall von Bethlehem war der erste Schritt auf Gottes Liebesreise zum Kreuz von Golgatha. Im Winter, als die Welt am dunkelsten war, kam Jesus zu einem Volk, das unter dem

Stiefel des Römischen Reiches lebte. Es muss Maria und Josef einiges an Glauben gekostet haben, das Christuskind an einem solchen Ort und in einer solchen Zeit bei sich willkommen zu heißen. Jesus brachte seine Freude in eine Welt, die keine hatte. Er kam im Glanz seines eigenen Lichtes.

Es ist immer Licht in der Dunkelheit. Suchen Sie es; glauben Sie an es. Gottes Liebe leuchtet in der dunkelsten Nacht, noch heller als ein Bild von Kinkade. Und dann bereiten Sie sich auf Weihnachten vor: Schauen Sie ins Antlitz des Vaters, sagen Sie ihm, dass Sie sein Geschenk annehmen, und dann packen Sie es aus!

Kopf hoch!

In ihm war das Leben, und das Leben war das Licht der Menschen.
(Johannes 1,4, Luther)

Zum Beten

Lieber Herr, deine Liebe ist wie ein Feuer. Sie bringt Wärme, Licht und Frieden in meine Dunkelheit. Dein Feuer gibt meiner Seele Kraft und Geborgenheit. In seinem Schein drücke ich mich näher an dich. Danke für dein großes Weihnachtsgeschenk. Eines Tages werden wir für immer feiern, und es wird keine Tränen mehr geben, sondern nur noch Freude! Amen. Komme bald, Herr Jesus!

In den Arm genommen

Das Umarmen ist eine Wundermedizin. Suche dir einen Menschen, der überarbeitet, übersehen, ausgebrannt (aber ansonsten ganz okay) ist, und dann drücke ihn!

Umarmungen wirken entspannend, verbessern die Blutzirkulation, reduzieren Stress, fördern die Selbstachtung und heben das allgemeine Klima. Umarmungen heilen viel mehr als nur unsere Magengeschwüre. Sie machen uns immun gegen Krankheiten der Seele. Eine Umarmung ist ein Beruhigungsmittel ohne Nebenwirkungen. Was noch? Sie braucht keine Batterien, kann nicht besteuert werden, ist umweltfreundlich und 100 Prozent persönlich, kann mehrfach verwendet werden und kostet keinen Pfennig! (P.S.: Für alle Altersstufen von 1-100, bei Bedarf auch höher.)

Spendieren Sie Umarmungen, und Sie kriegen eine zurück. Manchmal – haben Sie's gewusst? – muss man sich selber umarmen. Wie jene Frau, deren Mann von einem Jagdausflug zurückkam und die alles für einen romantischen Abend zu zweit vorbereitet hatte. Als er im Schlafzimmer seine Tasche auspackte, hörte sie, wie er sagte: »Baby, was hab ich dich vermisst!« Sie drehte sich um, um ihn zu umarmen – und sah, wie er die Fernbedienung des Fernsehers küsste! Und in einem Cartoon, den ich kürzlich sah, sagte die Ehefrau, dass sie ihren Mann manchmal am liebsten gar nicht mehr loslassen würde – weil er sich sonst sofort die Fernbedienung schnappt! Zum Glück sind Selbstumarmungen nicht schwer zu lernen. Einfach die Arme um sich selber legen, sich mit den Händen leicht auf den Rücken klopfen und dann feste drücken. Glauben Sie mir, es wirkt Wunder!

Umarmungen sind nur eine Sorte Herzlichkeiten. Eine Herzlichkeit ist alles, was man tut, das barmherzig, freundlich, tröstend oder lieb ist. Zum Beispiel ein Kuss auf die Wange (nicht nur zum Mutter- oder Hochzeitstag), ein Arm um die Schulter, ein fester Händedruck, ein Kuss auf die Zehenspitzen, eine Hand zum Halten, ein Finger, der eine Träne abtrocknet, ein neckisches Kitzeln.

Auf wie viele Weisen können wir unseren Mitmenschen Gottes Liebe greif- und fühlbar machen? Gott hat uns so geschaffen, dass wir Berührungen brauchen. Die Wissenschaftler sagen uns, dass ein ganz normaler Menschen es spürt, wenn der Flügel einer Biene aus einer Höhe von einem Zentimeter auf seine Fingerspitzen oder Wange fällt. Wenn das stimmt, sind wir sensibel für die zartesten Gesten. Jedes Streicheln hinterlässt einen Abdruck in unserem Gehirn, verbindet uns mit einer positiven Erfahrung in der Welt. Wie mag es da den Menschen gehen, die nur raue Berührungen erleben, nur Stöße und Schläge, nur Kratzen und Kneifen? Diese Berührungen machen uns irritiert, unsicher, ja wütend. Und die Menschen, die überhaupt keine Berührungen bekommen? Sie kommen sich überflüssig, ja unerwünscht vor. Wie eine Frau sagte: »Ich bin mich suchen gegangen. Falls ich wieder da bin, bevor ich zurückkomme, haltet mich so lange fest!« Das ist Einsamkeit; diese Frau braucht eine dicke Umarmung.

Die beste Übung für eine gute Beziehung ist, dass ich mich zu dem anderen hinbeuge, meine Arme ausbreite und ihn oder sie fest an mich drücke. Gott hat »ewige Arme«. Ich glaube, als er sagte: »Es ist nicht gut, dass der Mensch allein ist«, da dachte er an Umarmungen. Jedes Kind sollte es lernen, dass das Leben voller Umarmungen ist. Es ist einfach, seine Arme um ein Kind zu legen, weil Kinder so schön klein sind; drücken Sie nur nicht zu fest. Aber es gibt keinen Menschen, der keine Umarmungen braucht. Selbst Teenager brauchen sie, regelmäßig, obwohl man sie manchmal daran erinnern muss, die Umarmung zu erwidern! Was brauchen wir am meisten? Eine Villa, einen Butler, einen Chauffeur? Vielleicht. Aber vor allem eine Umarmung. Und noch eine, und noch eine ...

Manche Leute sagen, das beste Mittel, seine Sorgen zu vergessen, sei, zu enge Schuhe zu tragen, aber ich sage: Gehen Sie los und umarmen Sie jemanden! Ein Tag ohne Umarmung ist eine Last, die keiner tragen kann. Wir alle brauchen Umarmungen. Manchmal braucht ein Miesepeter sie am dringendsten; sie können die Sonne sein, die endlich den Winter aus seinem Gesicht vertreibt.

Freuen Sie sich, wenn Sie eine Umarmung kriegen. Und wenn Sie morgens das Haus verlassen, nicht vergessen: Nehmen Sie Ihre Umarmungen mit!

Kopf hoch!

Sein linker Arm liegt unter meinem Kopf, und mit dem rechten hält er mich umschlungen. (Hoheslied 2,6)

Zum Beten

Himmlischer Vater, danke für die Umarmungen, die du mir durch die Liebe meiner Verwandten und Freunde gibst. Wenn ich mich einsam fühle, dann erinnere mich daran, dass alles, was ich brauche, um jemanden zu umarmen, der noch einsamer ist, meine beiden Arme sind. Amen.

Das Schönste kommt noch

»Guten Morgen! Hier spricht Gott. Ich werde mich heute um all deine Probleme kümmern. Du brauchst mir nicht zu helfen dabei. Einen schönen Tag!«

Vor einigen Jahren wurde mein Freund Dr. Walter Martin, ein bekannter Bibellehrer, von dem Fernsehmoderator Phil Donahue eingeladen, um über den Tod und das, was danach kommt, zu sprechen. Der andere Gast in der Sendung war ein Experte in Reinkarnation und Spiritismus. Thema der Sendung: Wie komme ich in den Himmel? Die Diskussion nahm ihren Gang, aber Dr. Martin hatte wenig Gelegenheit, über seine Sicht zu sprechen – bis zum Ende der Sendung. Als die letzten Minuten liefen, trat Donahue zu ihm, legte einen Arm um seine Schulter und sagte wie ein geduldiger Vater zu seinem Sohn: »Jetzt komm, Walter, meinst du nicht auch, dass Gott, wenn ich mal vor seinen Perlentoren antanze, einfach rausgucken und sagen wird: ›Du bist okay, Phil, komm rein‹?«

Dr. Martins Gesicht begann zu leuchten. Mit einem breiten Lächeln erwiderte er: »Aber das hat Gott doch schon längst gemacht, Phil! Er hat dich vor über neunzehnhundert Jahren in sein Reich eingeladen, den Preis für deine Sünden bezahlt und dir ewiges Leben angeboten! Du musst dich nur entscheiden!« Phil Donahue war sichtlich erstaunt über diese Antwort. Mir wollen jetzt noch die Tränen kommen, wenn ich mich an diesen Augenblick erinnere. Er war der Höhepunkt der Sendung.

Unser irdisches Leben dauert siebzig Jahre, wenn wir die Kraft haben, auch achtzig, heißt es in Psalm 90,10. Schnell eilt es vorbei, »und wir fliegen davon« (Menge). Ist das nicht eine fantastische Hoffnung? Manchmal frage ich mich, warum Menschen wie Phil Donahue das nicht begreifen. Wir werden davonfliegen! Ich liebe das alte Lied, in dem es heißt: »Hebt auf euer Haupt, die Erlösung ist nah.« Wir sind Pilger auf Erden, keine Großgrundbesitzer. Wir können nichts mitnehmen, aber wir können es vorausschicken!

Ich werde nie den Spruch vergessen, der zu Hause bei meinen Eltern im Esszimmer hing:

Das Leben, schnell hinweg es eilt.
Nur was für Gott wir tun, das bleibt.

Wie wahr. Unser Leben hier auf der Erde ist eine Vorbereitung auf die himmlische Heimat. Ich mag den Aufkleber, der verkündet: »Das Leben ist so lange hart, bis man stirbt!« Oder, wie meine Enkelin sagt: »Es müsste heißen: Das Leben ist so lange hart, bis wir bei Jesus sind!« Ist das nicht wunderbar? Was ist denn so toll an diesem Leben, dass wir es nie mehr loslassen wollen? Als Christen haben wir nicht ein hoffnungsloses Ende, sondern eine endlose Hoffnung!

Vor Kurzem beschloss jemand einen Brief an mich mit dem Satz: »Bis Er kommt oder ich gehe!« Ich fand das prima. Ein anderer Brief schloss so: »Im Warten auf Jesu Ruf!« Ist das nicht super? Wenn ich das lese, möchte ich am liebsten nach draußen laufen und für die Entrückung üben. In Offenbarung 1,7 heißt es: »Siehe, er kommt mit den Wolken, und es werden ihn sehen alle Augen ...« (Luther) Eigentlich sollten wir alle jeden Tag nach draußen gehen und kräftig hüpfen, als Übung für den Tag, an dem Jesus wiederkommt. Als ich auf einer Veranstaltung über dieses Thema sprach, kam danach eine kleine alte Dame zu mir und sagte: »Mrs. Johnson, machen Sie Ihre Entrückungsübungen eigentlich auf einem Trampolin oder auf dem Rasen?« Ich sagte ihr, dass das an dem Tag, an dem Jesus wiederkommt, egal sein wird.

Ich las einmal von einem Mann, der mit einem Schild durch den Londoner Hyde Park marschierte, auf dem stand: »Da es nicht genug ausgebildete Trompeter gibt, wird das Ende der Welt um drei Monate verschoben.« Nun, schieben wir Jesu Kommen nicht hinaus, machen wir uns bereit! Wie es im Schaukasten einer Kirche hieß: »Möchten Sie in den Himmel? Flugtraining hier!« So ist es richtig!

Und wenn Sie oder ich vor der Entrückung sterben? Dann wissen wir, dass der Tod einfach Gottes Art ist zu sagen: »Der Tisch ist gedeckt.« Unsere verstorbenen Lieben sind nicht fortgegangen; sie sind uns nur *vorangegangen.* Das himmlische Reisebüro garantiert uns erstklassige Unterkünfte (Johannes 14,2). Wir sind Einwanderer, die für immer bleiben dürfen (Hebräer 11,16), weil unsere Namen in dem großen Gästeverzeichnis geschrieben sind (Offenbarung 21,27). Um durch den Zoll zu kommen, müssen wir nur eines angeben (1. Korinther

15,1.3-4), aber Gepäck ist keines erlaubt (1. Timotheus 6,7). Es sind keinerlei Impfungen nötig, da es keine Krankheiten mehr geben wird (Offenbarung 21,4). Der genaue Abflugtermin steht noch nicht fest; die Reisenden sollten sich jederzeit bereithalten (Apostelgeschichte 1,7). Non-stopp-Passagiere sollten täglich auf etwaige Vorbereitungen zum Abflug achten (1. Thessalonicher 4,17).

Jesus bereitet seine Wohnungen für uns vor. Wenn ich Heimweh nach dem Himmel bekomme, dann bete ich: »Herr, während du mir meine Wohnung vorbereitest, bereite mich für meine Wohnung vor!«

Kopf hoch!

Was kein Auge jemals gesehen und kein Ohr gehört hat, worauf kein Mensch jemals gekommen ist, das hält Gott bereit für die, die ihn lieben. (1. Korinther 2,9)

Zum Beten

Dauerlösung

Gott,
kaum habe ich mich mit dir
aus dem einen Problem herausgegraben,
springt mich schon der nächste Löwe
aus dem Dschungel an.
Warum konntest du nicht
eine Dauerlösung schaffen –
etwas, wo das Leben
immer schön und friedlich
und ein Freudenlied der Seele ist?

Liebes Kind,
das habe ich geschaffen.
Es nennt sich »Himmel«.

Ruth Harms Calkin

Danke!

Frösche haben es gut; sie brauchen nur den ganzen Tag auf Mücken warten.

Eine meiner größten Freuden ist es, *Love Line* zusammenzustellen, unseren monatlichen Spatula-Rundbrief – vor allem, weil er aus den Briefen, Karten und Witzen besteht, die meine Leser mir geschickt haben. Die über diesen Rundbrief hereinkommenden Spenden haben viele Aktionen ermöglicht. So konnten wir viele Aids-Patienten, die von ihren Familien entfremdet waren, nach Hause zurückholen, darunter einen Patienten, der im vergangenen Jahr mit seiner Frau und dem neugeborenen Baby wiedervereinigt wurde. Was bin ich dankbar für die vielen Menschen, die an diesen Freudenaktionen beteiligt waren.

Und so ist die Dankbarkeit eines meiner Bumerang-Themen geworden, vor allem an schlechten Tagen. Jawohl, ich habe auch schlechte Tage. Wie jeder andere auch, fühle ich mich manchmal, als ob Gott mich übergangen oder mich auf einem Regal vergessen oder in den Keller gesperrt hat. Aber auch wenn ich nicht immer dankbar sein kann für das, was ich bekommen habe, habe ich doch gelernt, dankbar zu sein für das, was mir erspart geblieben ist. Wie das kleine Mädchen, das überglücklich war, als es zum Mittagessen keinen Spinat gab. Und wenn Gott mir doch Spinat vorsetzt oder die Tränen in meinen Augen zulässt, dann – auch das habe ich gelernt – tut er dies nur, weil er etwas ganz Besonderes vorhat mit mir – zum Beispiel einen Regenbogen in mein Herz setzen.

Ich weiß nicht, wie es bei Ihnen ist, aber ich möchte mein Leben nicht dauernd in der Vergangenheit verbringen. Ich möchte eine Fantastillion Dinge finden, für die ich heute dankbar sein kann. Wofür sind Sie gerade jetzt dankbar? Gene Perret sagte einmal, dass wir Gott vielleicht für unsere Badewanne danken sollten – »den einen Ort, wo Mutter sich etwas Zeit für sich selber nehmen kann«.

Manchmal ist das Leben wie eine Pralinenschachtel; dann ist es wieder eine Schlaglochstraße, die kein Ende nehmen will. Vielleicht können Sie sich in diesen Brief hineinfühlen:

Ich bin gefallen und kann nicht mehr aufstehen! Meine schlimmsten Befürchtungen sind wahr geworden. Ich weiß nicht, wo ich Hilfe finden kann. Ich komme mir so wie eine Versagerin vor. Bitte schreiben Sie mir und sagen Sie mir, was ich machen soll.

Fast bin ich versucht zu antworten: »Wenn alles nichts hilft, weglaufen!«

Warum nur nehmen wir unsere Segnungen so für selbstverständlich, bis sie uns weggenommen werden? Fangen Sie heute an mit dem Dankbarsein! Danken Sie für die winzigsten Dinge: Wasser zum Trinken, ein Augenblick der Ruhe, die Farbe einer Blume oder eines Sonnenuntergangs oder eines Vogels. Oder ein Stück Brot oder ein Lied im Radio. Halten Sie Ausschau nach Dingen, die Ihren Augen, Ihren Ohren, Ihrer Nase Freude bereiten. Schreiben Sie sie auf. Eine Frau schrieb mir: »Ich habe angefangen, jeden Abend mindestens fünf Dinge aufzuschreiben, für die ich dankbar sein kann. Es ist wunderbar. Ich merke, wie ich anders werde. Ich war sonst immer so negativ.«

Werden wir dankbarer; ermutigen wir einander, ein dankbares Herz zu kultivieren. Vergessen wir nicht: Kein Problem, keine Not dauert ewig. Folgen Sie weiter Gott nach, und Sie werden entdecken, dass er Ihre Prüfungen benutzt, um Sie stärker zu machen. Und denken Sie auch daran: Die wahrste Wahrheit ist, dass Gott *für Sie* dankbar ist. Er hat seinen Sohn gegeben, um Ihr Leben zurückzukaufen. Er lädt uns in seine Erlösungsfreude ein. Wenn das nicht ein Grund zum Danken ist! Und für noch etwas können wir dankbar sein: dass wir dankbar sein dürfen!

Kopf hoch!

Ich danke meinem Gott allezeit euretwegen.
(1. Korinther 1,4, Luther)

Zum Beten

Mein Herr Jesus, du hast mich so viel mehr gesegnet, als ich dir danken kann. Wenn dies ein Wettkampf wäre zwischen deinem Segen und meiner Dankbarkeit, du würdest haushoch gewinnen. Und trotzdem möchte ich gerne mitmachen und dich jeden Tag mit Dankbarkeit überschütten. Öffne du meine Augen für die hundert Weisen, auf die du mich segnest, und ich werde dir danken. Amen.

Album der Seele

Es geht mir besser als vorher, aber nicht ganz so gut, wie bevor es mir schlechter ging.

Sie waren noch nie besser, die Zeiten für die Freunde des guten alten Familien-Albums. Aufkleber, Stempel und spezielles säurefreies, fotofreundliches Papier machen es einem leichter denn je, sein persönliches Foto-Album zusammenzustellen, um die wichtigen Augenblicke des Lebens zu verewigen. Nutzen Sie all die Bunt-, Blei-, Tinten- und Spezialstifte, Kleber, Foto-Ecken, Schutzpapiere, Locher und Scheren, und Ihr Album, das nur Sie haben und keiner sonst, wird zu einem Familienerbstück! Ich finde es toll, wenn man nach neuen, kreativen Wegen sucht, die Höhepunkte des Lebens festzuhalten.

Wie Maria, die Mutter Jesu, habe ich in meinem Herzen viele kostbare Augenblicke aufbewahrt, lauter Erinnerungen an die Treue, die Gott meiner Familie so viele Jahre schon erwiesen hat. Auf hundert bunte, kreative Weisen hat Gott mir seine Liebe dokumentiert, sich selbst verherrlicht und das Erbe des Glaubens durch die Albumseiten meines Lebens weitergetragen. Und er verbürgt sich dafür, dass nichts davon vergilben und verblassen wird!

Und Gott hat etwas, das noch besser ist als all die Stempel, Aufkleber und Scheren. Er benutzt jene patente weiße Flüssigkeit, die man über seine Fehler streicht. Ein Strich, und die falsche Stelle auf der Seite unseres Lebens ist überdeckt und Gott kann neu darauf schreiben.

Vor Jahren, als ich in einem Büro arbeitete, nannte ich die Korrekturflüssigkeit meine 1.-Johannes-1,9-Milch, weil sie mit unseren Tippfehlern das Gleiche macht wie Gott mit unserer Sünde. Wir alle brauchen diese geistliche Korrekturflüssigkeit, die unsere Sünden so weiß wie Schnee macht (Jesaja 1,18). Wir alle können jeden Tag einen Neuanfang machen. Gott sieht unsere Sünde nicht mehr, weil sie überdeckt ist vom Blut Jesu.

Gottes Schöpferhände können aus den Erinnerungen und Andenken unseres Lebens ein wahres Kunstwerk machen.

Lassen Sie ihn Platz nehmen am Tisch Ihres Lebens und ans Werk gehen. Und warum ihm nicht dabei helfen? Sammeln Sie alles Bunte, das Sie in die Hände kriegen. Schneiden Sie die zerrissenen Ecken Ihres Lebens ab. Suchen Sie nach »Herzensaufklebern« – Dinge, die Sie lachen lassen. Und nicht zuletzt: Machen Sie das Beste, das Sie bisher erreicht haben, nicht zum Standard für die Zukunft – Sie können noch besser werden. Lassen Sie Gottes Korrekturflüssigkeit an sich heran; sie wirkt Wunder!

Kopf hoch!

Wenn wir aber unsre Sünden bekennen, so ist er treu und gerecht, dass er uns die Sünden vergibt und reinigt uns von aller Ungerechtigkeit. (1. Johannes 1,9, Luther)

Zum Beten

Allmächtiger Gott, mein Erlöser, ich danke dir, dass das Blut Jesu mich von meiner Sünde reinigt. Bitte sende du deinen Heiligen Geist, um mich mit deinem Frieden zu füllen, sodass ich inmitten meiner Situation still sein kann. Du hast mir in Jesu Namen Vergebung und Gerechtigkeit gegeben. Danke, dass du meine Sünden ausstreichst, als seien sie nie da gewesen! Amen.

Älter werden ist nicht schwer ...

... Socken waschen dagegen sehr.

Wissen Sie auch, warum Gott es so eingerichtet hat, dass Frauen über 50 keine Kinder kriegen können? Weil sie sich nicht mehr erinnern könnten, wo sie sie hingelegt haben! Ich selber vergesse allerdings nur drei Sachen: Namen, Gesichter und ... was war noch mal das Dritte?

Den Männern geht es auch nicht besser. Sie vergessen Namen und Gesichter, ganz zu schweigen von Geburtstagen und Hochzeitstagen. Später vergessen sie, den Reißverschluss wieder hochzuziehen, noch später, ihn runterzuziehen! Wenn Ihnen das nicht reicht, denken Sie an die Haarprobleme der Männer. Dass sie kein Lifting im Gesicht brauchen, liegt ja nur daran, dass früher oder später ihr Gesicht in ihr Haar hinaufwächst. Mir hat einmal ein Mann erzählt, dass er sein Haar in seiner Jugend mit Shampoo pflegte; jetzt benutzt er Bohnerwachs. Ein Freund von mir, der eine ratzekahle Glatze hat, trägt keine Stehkragenpullover, weil er dann wie ein Deodorant-Roller aussehen würde. Vielleicht wollen Sie einmal die folgende Anti-Glatzen-Kur versuchen: Man mische einen Teil Bittersalz mit einem Teil Alaun und gebe drei Esslöffel Essig hinzu. Das Ganze dreimal täglich kräftig in die Kopfhaut des Ehemannes einreiben. Es verhindert nicht den Haarausfall, aber es lässt den Kopf so schrumpfen, dass er zur Haarmenge passt!

Eine ältere Dame hatte dieses über ihren ebenfalls älter werdenden Mann zu vermelden: »Er macht so komische Sachen. Als ich auf Besuch bei meiner Schwester war, hat er seine schmutzigen Socken zum Waschen in Wassergläser getan und in den Geschirrspüler gestellt. Dann hat er die Socken wieder angezogen und die Wassergläser ausgetrunken.« (Ich riet der Dame, keine längeren Besuche mehr zu machen.)

Eine andere Frau beklagte sich, dass ihr Mann nur noch den ganzen Tag herumsaß und mit der Fernbedienung des Fernsehers spielte. Ich tröstete sie mit Worten, die ich einmal woanders gehört hatte: »Wenn Sie etwas lieben, geben Sie ihm seine

»Es geht ihm schon wieder ganz gut. Nur wenn er Schluckauf hat, schaltet der Schrittmacher den Fernseher um.«

Freiheit. Wenn es dann wiederkommt, haben Sie es nicht verloren. Wenn es auf Nimmerwiedersehen verschwindet, haben Sie es nie wirklich gehabt. Und wenn es vor dem Fernseher hockt und ganz vergessen hat, dass es doch frei ist, dann haben Sie es wahrscheinlich geheiratet.«

Älteren Frauen, die den Zahn der Zeit beklagen, sage ich immer: Ruhe bewahren und das Leben genießen, auch die Teile, an die man sich nicht mehr erinnern kann! Die einzige Methode, jünger auszusehen, ist, dass man später geboren wird. Mutter Natur lässt sich nicht austricksen, egal wie sehr man in Fitness macht.

Ja, die Fitness ... Ein Oldtimer ist bekanntlich jemand, der das Fahrradfahren lernte, bevor es zur Fitness-Masche wurde. Meine mittelalte Freundin fing mit Aerobic an, gab es aber wieder auf, weil ihre Schenkel sich immer so aneinander rieben, dass ihre Strumpfhosen Feuer fingen. Wenn ich einen Fitness-Anfall bekomme, lege ich mich immer hin und warte, bis er vorüber ist. Mein Gymnastikideal ist, mich in die Badewanne zu legen, den Stöpsel zu ziehen und gegen die Strömung zu schwimmen. Ganz schön reif, nicht wahr?

Die meisten in unserem Alter sind wie Enten auf einem Teich – außen ruhig und gelassen, während sie unter der Oberfläche wie verrückt paddeln. Echte Reife, so stellen wir fest, heißt sanft zu den Jungen sein, barmherzig zu den Alten und tolerant gegenüber den Schwachen wie den Starken – weil wir ja selber einmal jung und schwach und stark waren und jetzt alt sind. Das beste Rezept zum Reiferwerden ist, dass man täglich das folgende Gebet spricht:

> Danke, Gott, für alles, was du mir gegeben hast,
> für alles, was du mir genommen hast, und für alles, was du mir gelassen hast!

Kürzlich sprach ich auf einer Freizeit für »Golden-Agers«, also Leute zwischen 70 und 80. Wir hatten vereinbart, dass beim Frühstück der Tisch (zu je zehn Personen) mit den meisten Tabletten und Pillen zuerst zum Büffet gehen durfte. Unser Tisch gewann mit 72 Pillen (Bill und ich hatten unsere schon auf unserem Zimmer genommen)!

Wer älter wird, muss darauf achten, jedem Tag ein Stückchen Glück und Freude abzugewinnen. Das Rezept dazu lautet nicht, sich ängstlich in sein Schneckenhaus zurückzuziehen. Dem Alter (oder den Sorgen) ausweichen wollen – das ist, als wenn man Wackelpudding an einen Baum nageln will. Nein, der einzige Weg ist, dass wir jeden Tag ein Stückchen mehr von uns in Gottes Hände legen.

Einer der Vorteile des Zahns der Zeit ist, dass unsere Kinder eines Tages auch zum Club der Uhus (Unter-Hundertjährigen) gehören. Wenn wir lange genug leben, können *wir ihnen* zur Last fallen, womit wir quitt wären. Ein weiterer Vorteil des Älterwerdens ist natürlich, dass wir ja mit jedem Tag Jesus näher kommen. Denken Sie nur einmal, wie das sein wird, wenn wir ihn endlich sehen! Für mich ist diese Aussicht wie das Morgenrot. Alles Traurige wird weg sein, alles Graue wird hell werden!

Vor einem Jahr feierte die Alufolie Reynolds Wrap ihren 50. Geburtstag. Der Vertreter, der die allererste Rolle verkaufte, lebt noch; er ist 84. In fünfzig Jahren produzierte Reynolds 79 Millionen Meilen Alufolie – genügend, um sie 180mal von der Erde zum Mond und zurück zu spannen! Etwas an diesem Bild erinnert mich an Gott – an die beschützende Liebe, die vom Himmel bis zur Erde reicht und uns mit jedem Jahr mehr einhüllt. Und darum habe ich keine Angst vor dem Altern, der Vergesslichkeit, vor Pillen und müden Knochen. Älterwerden muss sein, Erwachsenwerden ist freiwillig! Ich werde so lange jung sein, bis ich Falten im Herz kriege.

Kopf hoch!

Denn tausend Jahre sind vor dir wie der Tag, der gestern vergangen ist, und wie eine Nachtwache ... Lehre uns bedenken, dass wir sterben müssen, auf dass wir klug werden. (Psalm 90,4.12, Luther)

Zum Beten

Lieber Gott, hilf, dass ich keine Angst bekomme vor den dahinfliegenden Jahren. Ich lege mein Leben in deine Liebe hinein. Ich bin mit Christus in dir geborgen. Segne diesen meinen Leib und benutze ihn, so lange es geht, zum Segen für andere. Amen.

Auf grosser Fahrt

Sorgen sind das sinnlose Blockieren der Gelegenheiten von morgen mit den ungelösten Problemen von heute.

Mit einem siebzig Pfund schweren Seesack über der Schulter ging der junge Marineflieger, der auf dem Weg zu seinem ersten Einsatz war, die Laufplanke hoch und wurde in seine »Kabine« geführt: hundert Kojen, zu je vier übereinander, jede mit einem kleinen Kissen und einer Decke. Als das Schiff ablegte und in den weiten Pazifischen Ozean hinausfuhr, war ein Kloß in der Kehle des jungen Mannes.

Elf Tage lang dauerte die Fahrt durch jedes nur erdenkliche Wetter. Mal lag die See wie ein Spiegel da, mal schüttelten die Brecher das Schiff hin und her. Einmal kam die Schiffsschraube aus dem Wasser hoch, und die Wände des Schiffs vibrierten so heftig, dass die Mannschaft Angst hatte, es würde zerreißen. Als die Seekrankheit kam, wollte der junge Flieger am ersten Tag sterben. Am zweiten tat es ihm Leid, dass er es nicht gemacht hatte. Der dritte Tag brachte das erste Stückchen Hoffnung. Wie einst beim Propheten Jona, wurde auch bei diesem Marineflieger der Sturm zum großen Wendepunkt seines Lebens, der ihm Gottes Treue und seine Verheißung, seine Kinder nie loszulassen, vor Augen führte.

Wir sind in Gottes Hände eingezeichnet, sagt ein anderer Prophet. Er hat sich unwiderruflich verpflichtet, für uns zu sorgen – eine Verheißung, die bis an das Ende der Zeiten gilt. In unserer Welt ist hundertprozentiger Einsatz selten. Ich muss hier an das Huhn und das Schwein denken, die eine Straße entlangspazieren. Auf einmal sieht das Huhn ein großes Plakat, das Werbung für ein opulentes Frühstück macht. Es ruft aus: »Schau dir mal diese schönen Eier an mit dem herrlichen Dotter!« Das Schwein antwortet: »Ja, und dieser Schinken – ein Gedicht!« Doch dann wird das Schwein nachdenklich. »Augenblick mal – für dich ist so ein Frühstück eine milde Spende, bei mir geht's ans Eingemachte!«

Das große Vorbild für ganze Hingabe ist natürlich Jesus Christus. Er starb, damit wir leben können! Und Gott hat sein

Wort gehalten, indem er ihn auferweckte. Wie können wir da noch zweifeln, dass Gott für uns ist?

Für jemanden, der erlebt hat, wie seine irdischen Eltern ihn verlassen, missbraucht oder misshandelt haben, kann die Erkenntnis der unerschütterlichen Treue des himmlischen Vaters wie ein Sonnenaufgang in der Seele sein. Aber dazu muss er bereit sein, alte Lektionen zu verlernen. Ich hörte einmal folgende Geschichte über einen Vierjährigen, der mit seinem Vater einen Ausflug mit der Eisenbahn machte. Der große Bahnhof war voller Menschen, und der Junge merkte nicht, wie sein Vater seine Hand losließ. Plötzlich packte er einen Jackenärmel und wollte zu seinem Vater hochlächeln – und blickte stattdessen in das Gesicht eines Wildfremden, der sich unwirsch von ihm losriss. Der Junge sah voller Angst um sich, und da stand sein Vater hinter einem Pfeiler und lachte ihn aus. In diesem Augenblick verschloss sich etwas in dem Jungen. Sein Vater hatte ihn im Stich gelassen; nie mehr würde er ihm vertrauen. Diese Lektion, die er an diesem Tag gelernt hatte, musste dieser Junge wieder verlernen, um glauben zu können, dass sein himmlischer Vater ihn stets lieben und nie verlassen würde.

Manchmal verheddern sich die Taue unseres Lebens, dass wir uns vor Schmerzen winden. Aber Gott ist da und sagt: »Halte schön still, während ich den Knoten löse!« Er verspricht uns nicht, dass unser Lebensschiff nur durch ruhige Gewässer segeln wird, aber er verspricht, dass er am Ruder bleiben wird. Ich liebe diesen alten Spruch:

Wie ein Schiff nicht sinken kann,
solange das Wasser nicht hineinkommt,
so kann auch deine Seele nicht untergehen,
solange du das Böse und die Sünde nicht hineinlässt.

Wussten Sie schon, dass ein Opal ein Stein mit einem gebrochenen Herzen ist? Er besteht aus Staub, Sand und Kieselerde und ist voller winziger Risse, die Luft hineinlassen. Die Brechung des Lichtes in dieser Luft erzeugt die herrlichen Farbtöne, die dem Opal seinen Spitznamen gegeben haben: »Lampe des Feuers«. Verwahrt man ihn an einem kalten, dunklen Ort, verliert der Opal seinen Schimmer, aber in der Wärme der Hand oder wenn Licht auf ihn scheint, kommt er zurück.

So ist es auch bei uns: Ein zerbrochenes Herz wird zu einer Lampe des Feuers, wenn wir Gottes Leben gebende Wärme in es hineinlassen.

Wenn das Leben rau wird, dann denken Sie daran, dass jede Blume durch viel Dreck hindurchmuss, bevor sie blühen kann. Unser allmächtiger Vater benutzt die Rückschläge des Lebens, um uns voranzubringen! Halten wir uns nicht an unseren bitteren Erfahrungen fest. Während wir der Vergangenheit hinterhertrauern und uns um die Zukunft sorgen, rinnt uns die Gegenwart durch die Hand. Die Reue über gestern verhindert nicht das Leid von morgen, sie nimmt nur dem Heute seine Kraft. Geben wir also den Glauben nicht auf. Mit Jesus haben wir kein Ende ohne Hoffnung, sondern Hoffnung ohne Ende!

Gott weiß genau, wie viel wir vertragen können, und wird es nicht zulassen, dass wir zerbrechen. Er verdreht nicht unseren Arm und lässt unsere Hand nicht los. Er näht unsere Segel mit Liebe zusammen. Sein Werk braucht Zeit, aber kein Sturm wird es zerreißen. Also: Egal, ob wir gerade himmelhoch jauchzen oder zu Tode betrübt sind, *gestern* ist vorbei, *morgen* ist voller Möglichkeiten und *heute* ist der Weg, der vom einen zum anderen führt. Fahren Sie weiter, voller Zuversicht; der Vater im Himmel wird nie das Ruder Ihres Schiffs verlassen!

Kopf hoch!

Fliege ich dorthin, wo die Sonne aufgeht, oder zum Ende des Meeres, wo sie versinkt: Auch dort wird deine Hand nach mir greifen, auch dort läßt du mich nicht los. (Psalm 139,9-10)

Zum Beten

Vater, Menschen haben mich verlassen, aber du lässt mich nie. Ich halte mich an dieser Wahrheit, so wie du mich hältst. Amen.

Leben ohne Schuld

Wie merkt man, dass man zu sehr an einem Menschen gehangen hat? Wenn man stirbt, läuft sein Leben vor einem ab.

Schuld! Kennen wir das nicht alle? Ob es nun echte Schuld ist oder bloße Schuldgefühle oder Schuld am falschen Ende, ist manchmal schwer zu sagen. Der Psalmist singt: »Freuen dürfen sich alle, denen Gott ihr Unrecht vergeben und ihre Verfehlungen zugedeckt hat!« (Psalm 31,1) Aber warum gibt es dann so viele schuldgeplagte Christen, die alle Freude verloren haben?

Haben Sie ein schlechtes Gewissen, weil Sie so ein schlechtes Gewissen haben? Wir wissen, dass dann, wenn wir wieder geboren sind, Gott unsere Sünde nicht mehr sieht, weil Jesu Blut sie bedeckt. Vergessen Sie das nicht. Lernen Sie, Ihre Fehler und Ihr Versagen anzunehmen und ehrlich mit sich selber und vor Gott zu sein. Kommen Sie zu ihm, nehmen Sie sein Angebot an! Er weiß, dass Sie nicht perfekt sind, also geben Sie es ruhig vor sich selber zu!

Gott liebt uns – so sehr, dass er uns so annimmt, wie wir sind, und so sehr, dass er uns nicht so lässt, wie wir sind! Öffnen Sie in Jesu Namen Ihre Hand für Gottes Vergebung. Akzeptieren Sie es, dass Sie vor ihm rein dastehen. Wie viele von uns leiden völlig unnötig, weil sie zu stolz sind, von der Gnade zu leben? Wir kämpfen und strampeln und rackern uns ab, aber immer nur in unserer eigenen Kraft. Manche von uns tun in jeder Situation so, als ginge es um Leib und Leben. Wir »sterben« viel öfter, als nötig wäre – und dabei ist Jesus doch längst für uns gestorben! Beleidigen wir nicht die Liebe des Vaters, indem wir die Vergebung, die er uns in seinem Sohn anbietet, ablehnen.

Ein kleines Mädchen betete einmal: »Gott, nimmst du zum Vergeben einen Radiergummi?« Die Bibel sagt uns, dass er unsere Sünde gänzlich wegwischt. So weit der Osten vom Westen ist, tut er sie von uns weg. Wie weit das in Kilometern ist, weiß ich auch nicht. Ich weiß nur, dass dann, wenn ich bete: »Herr, ich habe ein Problem, und das bin ich selber«,

Gott antwortet: »Barbara, ich habe die Antwort, und die bin ich!«

In Matthäus 5,48 fordert Jesus uns auf, vollkommen zu sein. Waaas, *vollkommen*? Ist das sein Ernst? Jemand hat einmal gesagt, dass die einzige Möglichkeit, vollkommen zu werden, darin besteht, dass man seine Fehler macht, wenn niemand dabei ist! Aber Gott ist immer dabei. Nur durch das Erlösungswerk Christi werden wir in Gottes Augen vollkommen. Er schenkt uns Gnade und seinen Geist, damit wir seine Erlösung in unserem Leben sichtbar machen können. Der Unterschied zwischen den Bemühungen des Christen und denen des Nichtchristen ist, dass der Christ aus der Fülle der Gnade Gottes schöpfen kann.

Wissen Sie, was für einen Unterschied es macht, wenn man sich ein bisschen mehr anstrengt? Wenn 99,9 Prozent Genauigkeit genügen, dann werden in diesem Jahr in Amerika zwei Millionen Dokumente beim Finanzamt verloren gehen, pro Tag zwölf Neugeborene der falschen Mutter in die Arme gelegt werden und über 300 Einträge in der nächsten Ausgabe des großen Webster's-Wörterbuchs vom Druckfehlerteufel geritten sein. Möchten Sie noch mehr Beispiele? Schauen Sie sich die folgenden Meldungen aus Gemeindebriefen an, in denen nur eine kleine Formulierung falsch ist:

- Lassen Sie sich nicht von Ihren Sorgen umbringen – lassen Sie die Kirche helfen.
- Für die unter Ihnen, die Kinder haben und es nicht wissen: Unten gibt es einen Raum für Mutter und Kind.
- 18 Uhr Abend-Predigtgottesdienst über das Thema »Was ist die Hölle?«. Kommen Sie zeitig, während der Chor noch probt.

Ja, nichts ist fehlerfrei. Aber Fehler sind auch Chancen – zu einem erlösten Neuanfang in Gottes Reich. Was Sie auch getan haben mögen, Gott kann Ihre Unschuld wiederherstellen. Wenn Sie sich unter die Herrschaft Jesu Christi stellen, kann jeder Fehler, jedes Versagen Sie zurück zu Gottes Thron führen. Also: Streben wir ruhig nach Vollkommenheit, aber mit einem freudigen Herzen, denn Gottes Gnade ist das Einzige, das stark genug ist, uns ans Ziel zu bringen.

Kopf hoch!

Freuen dürfen sich alle, denen Gott ihr Unrecht vergeben und ihre Verfehlungen zugedeckt hat! Freuen dürfen sich alle, denen der Herr die Schuld nicht anrechnet und deren Gewissen nicht mehr belastet ist! (Psalm 32,1-2)

Zum Beten

Lieber Herr, hier bin ich. Ich kenne meine Fehler und mein Versagen. Ich bekenne, dass ich so wenig an die verwandelnde Kraft deiner Gnade glaube. Ich möchte neu anfangen. Bitte nimm meine bescheidenen Bemühungen und meine Liebe zu dir an. Danke für die Erlösung in deinem Sohn, Jesus. Amen.

Ein bisschen Hoffnung

Hoffnung ist etwas Wunderbares – ein einziger Fisch beißt an, und man angelt den ganzen Tag.

»Wenn ein Mitmensch Hilfe braucht, gibt man sie ihm, weil sich das so gehört«, sagte eine Frau, nachdem ein Tornado über ihre kleine Stadt gefegt war. Hunderte von Menschen, deren Häuser verschont geblieben waren, griffen ihren weniger glücklichen Nachbarn unter die Arme.

In einer anderen Stadt bekam eine allein erziehende Mutter einen Brief: »Sie können das Haus, in dem Sie wohnen, binnen 30 Tagen kaufen; andernfalls müssen Sie es räumen.« Die Welt wollte zusammenbrechen für diese Frau. Doch am gleichen Tag fand eine Frau am anderen Ende der Stadt, dass sie wieder einmal anrufen sollte. Dieser Anruf veränderte das Leben beider Frauen. »Ich merkte, dass sie geweint hatte«, erklärte die Anruferin später, »und da hat sie mir die Sache mit der drohenden Räumung erzählt. Ich wusste: Was ihr da passiert war, konnte jedem von uns passieren.« Am Ende des Tages war ein einfacher Plan zur Rettung der Wohnung ausgeheckt.

Man weiß nie im Voraus, wer als Nächstes ein bisschen Mitmenschlichkeit brauchen wird. Manchmal braucht er nur ein paar Worte oder Zeilen der Ermutigung. Wenn Sie den Eindruck haben, dass Sie sich um einen bestimmten Menschen kümmern sollten, dann handeln Sie rasch; morgen kann es schon zu spät sein.

Eine Frau ging zu ihrem Arzt, um sich das Ergebnis einer Vorsorge-Untersuchung abzuholen. Der Arzt sagte: »Ich habe eine gute und eine schlechte Nachricht für Sie. Welche wollen Sie zuerst?«

Sie antwortete: »Die gute!«

Der Arzt sagte: »Sie haben noch 24 Stunden zu leben.«

»Mein Gott«, rief die Frau aus. »Soll das die *gute* Nachricht sein? Was ist denn dann die *schlechte*?«

»Dass ich es Ihnen eigentlich schon gestern hätte sagen sollen.«

Selbst der Robusteste weiß kleine Gesten der Freundlichkeit zu schätzen. Sprüche 12,25 sagt: »Sorgen drücken einen Menschen nieder; ein gutes Wort richtet ihn auf.« Vielleicht schreiben Sie dem anderen eine Karte, in der Sie ihn an gute alte Zeiten erinnern. Die kranke Freundin können wir an das Gute erinnern, das sie getan hat, und ihr so ein Stück Kraft geben. Oder Sie schreiben einfach eine Liste der positiven Eigenschaften Ihres Sohnes, Ihrer Tochter, Ihres Mannes. Wenn Sie schreibfaul sind, schneiden Sie Geschichten oder Cartoons aus oder legen einfach ein paar gepresste Herbstblätter oder Blumen in den Briefumschlag. Kochen Sie Ihrem leidenden Nächsten sein Lieblingsgericht. Beteiligen Sie sich an einem Kuchenbasar; nicht vergessen: Wohltätigkeit ist, wenn man Plätzchen für einen guten Zweck backt, Nächstenliebe ist, wenn man sie anschließend selber kauft.

Wir sind heute immer so beschäftigt, dass uns kaum noch Zeit für die Gesten der Liebe bleibt. Man muss sich die Zeit einfach nehmen, und wenn wir das tun, kommt der Bumerang der Aufmunterung voll zu uns zurück! Eine schwedische Königin verkaufte einmal ihre Juwelen, um mit dem Erlös im ganzen Land Kranken- und Waisenhäuser zu bauen. Jahre danach, als sie eines dieser Häuser besuchte, fielen die Tränen einer bettlägrigen Frau wie glänzende Perlen auf die Hand der Königin. Die rief aus: »Gott gibt mir meine Juwelen wieder!«

Paulus ermahnt uns: »Stellt euer ganzes Leben Gott zur Verfügung! Bringt euch Gott als lebendiges Opfer dar, ... an dem er Freude hat.« (Römer 12,1) Wir wissen alle, dass das Problem bei einem »lebendigen« Opfer ist, dass es so leicht wieder vom Altar hinuntersteigt. Tun wir das nicht. Nehmen wir uns vor, Hoffnungsträger zu sein, in jeder Lebenslage. Hoffnung sucht das Gute im Nächsten, öffnet ihm Türen, entdeckt, wo sie helfen kann, zündet ein Licht an, gibt sich nicht dem Zynismus hin. Hoffnung befreit Menschen.

Was immer zu uns kommen mag,
ein liebes Wort macht hell den Tag!

Kürzlich las ich von einer Umfrage unter lauter 95-Jährigen: »Wenn Sie Ihr Leben noch einmal leben könnten, was würden Sie anders machen?« Die alten Leute erwähnten zwei Dinge:

»Wir würden mehr nachdenken«, und: »Wir würden mehr Dinge tun, die über unseren Tod hinaus bestehen.«

Lassen Sie Ihr Leben nicht außer Kontrolle rasen. Leben Sie bewusst. Tun Sie heute etwas, das Ihren Tod überdauern wird. Der Mensch kann bis zu siebzig Tage ohne Nahrung leben, zehn Tage ohne zu trinken und sechs Minuten ohne Luft. Aber er kann nicht ohne Hoffnung leben. Danken Sie Gott für die Hoffnung, die Sie haben, und überlegen Sie sich, wie Sie sie an andere weitergeben können.

Kopf hoch!

Die Güte des Herrn ist's, dass wir nicht gar aus sind, seine Barmherzigkeit hat noch kein Ende, sondern sie ist alle Morgen neu.
(Klagelieder 3,22-23, Luther)

Zum Beten

Vater im Himmel, danke, dass du die Quelle von allem bist, für das zu leben sich lohnt. Gib mir Ideen und Energie, um deine Hoffnung in das Leben der Menschen um mich herum zu bringen. Und danke für deinen Hoffnungsbumerang! Amen.

Träume gross

Lass deinen Tag von der Freude bestimmt sein,
von Träumen bestreut und vom Wunder der Liebe berührt.

Geben Sie Ihren Träumen einen Platz in Ihren Gebeten und Plänen. Träume, die von Gott kommen, können Ihnen helfen, in die Zukunft hineinzugehen, die er für Sie vorbereitet. Das Träumen sollte uns so natürlich sein wie das Atmen. Aber wer von uns hat es nicht schon erlebt, wie Träume zerbrachen? Das ist dann wie ein innerer Tod, und dann gibt es nur eines: den zerbrochenen Traum Christus hinlegen und ihn bitten, ihn entweder wieder heil zu machen oder uns einen neuen zu geben.

Auch Tagträume können eine Gottesgabe sein. Achten wir also auf sie! Die Experten behaupten, dass Tagträume uns Dinge enthüllen können, die uns helfen, besser mit unserer Zeit, unseren Zielen, unseren Problemen umzugehen. Ein bisschen Tagträumen beruhigt auch die Nerven, entspannt und macht unseren Blick klarer.

Die Psalmisten benutzen häufig »friedliche« Bilder. Psalm 23 spricht von frischem Wasser, grünen Auen und einem reich gedeckten Tisch. Diese Bilder müssen David innerlich ruhig gemacht und seinen Glauben gestärkt haben. Selbst das »finstere Tal« ist nur halb so dunkel, weil Gott ja da ist und mitgeht. Solche Tagträume sind wie ein Jungbrunnen der Seele. »Er erquicket meine Seele ...« (Psalm 23,3, Luther).

Schließen Sie jetzt Ihre Augen und benutzen Sie alle Ihre Sinne, um bei Gedanken zu verweilen, die Sie näher zu Gott bringen. Zur Einstimmung lesen Sie vielleicht das letzte Kapitel der Offenbarung des Johannes, das voll gestopft ist mit Bildern, die das unvorstellbar Schöne beschreiben, das Gott für die vorbereitet hat, die ihn lieben. Dies sind Gottes Träume für seine Kinder!

Während Sie so träumen, vergessen Sie nicht dieses ABC des Christen:

Aufgeblickt!
Bete fleißig.
Christus ist deine Stärke.
Diene ihm.
Erwarte viel.
Freue dich.
Glaube fest.
Halte durch.
Immer fröhlich!
Jesus hilft dir.
Klammere dich an sein Wort.
Mach dir Mut.
Nie aufgeben!
Öffne dein Herz.
Pack's an!
Quäle dich nicht.
Reiß dich zusammen.
Sage nie: »Das kann ich nicht.«
Trau dich!
Übergib dich dem Heiligen Geist.
Vertraue.
Warte geduldig.
Lass dir kein **X** für ein **Y** vormachen.
Zage nicht.

Beten Sie Ihre Träume durch, bitten Sie Gott um seinen Segen und seine Führung. Und dann schreiben Sie die Träume in Form von Zielen auf und stecken Sie sie in einen Umschlag. Verschließen sie den Umschlag und vertrauen Sie ihn einem Freund an mit der Bitte, ihn Ihnen in einem Jahr zurückzugeben. Jedes Mal, wenn Ihnen diese Träume während dieses Jahres durch den Sinn gehen, denken Sie im Glauben über sie nach und vertrauen Sie sie Gott an. Tun Sie die Schritte, zu denen Gott Sie ermuntert, aber tun Sie dies nicht als verkrampftes »Muss«; das würde Ihnen nur Ihre Kraft nehmen. Danken Sie Gott, dass er Wege hat, diese Träume wahr werden zu lassen.

Es wird Hindernisse geben. Wenn sie kommen, dann denken Sie DADINÄKAG – »Dinge, an denen ich nichts ändern kann, aber Gott«. Machen Sie eine Liste dieser Dinge und kleben Sie sie an den Badezimmerspiegel. Erweitern Sie die Liste nach Bedarf. Und jetzt – geben Sie sich ganz bewusst Gottes Liebe, Leben und Lachen hin. Wachen Sie jeden Morgen mit

Glauben auf den Lippen auf und decken Sie sich jeden Abend mit der Decke des Gottvertrauens zu. Gott kann die sauren, bitteren Dinge Ihres Lebens nehmen und etwas aus ihnen machen, das so riecht und schmeckt wie der süßeste Honig. Verströmen Sie Begeisterung, wo immer Sie sind; sie wird Ihre Träume beflügeln!

Es gibt drei Sorten von Menschen in dieser Welt: solche, bei denen etwas geschieht, solche, die zuschauen, wie etwas geschieht, und solche, die nicht wissen, wie ihnen geschieht. Zu welcher Gruppe werden Sie gehören? Paulus schreibt: »Ich lasse alles hinter mir und sehe nur noch, was vor mir liegt. Ich halte geradewegs auf das Ziel zu, um den Siegespreis zu gewinnen.« (Philipper 3,13-14)

Möchten Sie nicht auch die anderen so anfeuern? Ich möchte es. Ich will aus dem, was ich habe, das Allerbeste machen, so lange ich kann. Ein Schüler schrieb einmal: »Tau entsteht, wenn die Sonne auf Blätter scheint und sie schwitzen lässt.« Soll die Hitze des Lebens mich ruhig schwitzen lassen; dann kann ich sie der Welt als glitzernde Tautropfen zurückschenken.

Ehrgeiz ist manchmal ein negatives Wort, mit dem man ein aufgeblasenes Ich und rücksichtslose Ellenbogen verbindet. Aber wenn es bedeutet, dass ich Gottes große Träume für mein Leben mitträume, das ist etwas anderes. Hier ist mein Gebet für Sie auf Ihrem Weg zu Ihren Träumen: Möge der Herr Sie segnen und nicht aufgeben lassen!

Kopf hoch!

Wer überwindet, der wird es alles erben, und ich werde sein Gott sein, und er wird mein Sohn sein. (Offenbarung 21,7, Luther)

Zum Beten

Lieber Herr, so viele Träume und so wenig Zeit! Was soll ich machen? Führe und leite du mich, auch wenn das bedeutet, dass ich nur einen kleinen Schritt nach dem anderen machen kann. Ich überlasse dir die Zügel meines Lebens. Führe du deinen Willen mit mir aus. Ich danke dir, dass ich dein Kind bin. Amen.

Wie das Leben spielt

Die armen Menschen, die keine Meinung haben – sie müssen ohne Aufkleber durchs Leben gehen.

Wenn das Leben hart wird, denken Sie an den folgenden kleinen Spruch:

> Wenn du dich das nächste Mal wie eine vertrocknete Pflaume fühlst, schau dir an, was für ein Baum aus einem Pflaumenkern wird!

Egal wie das Leben Sie anpflaumt, Gott kann etwas Starkes, Gutes daraus werden lassen. Er kann Sie zu einem Baum machen, unter dessen Krone andere Schutz vor dem Lebensregen finden.

Vor mehreren Jahren erhielt ich diesen Brief von einem Vater:

> Es ist jetzt fast zwei Jahre her, dass unser Sohn – er ist Student – uns eröffnete, dass er schwul sei. Raten Sie mal, was er heute ist? Immer noch schwul. Aber wir können wieder lachen und Gott preisen. Nein, unser Sohn ist nicht »wieder normal geworden«, aber wir erfahren Gottes Frieden. ... Wir haben keine Wunderpille geschluckt, ... sondern uns einfach in die Liebe der Menschen fallen lassen, denen es ähnlich geht wie uns und die unseren Schmerz verstehen ... Sie haben uns gezeigt, dass wir es schaffen werden. Ein weiterer großer Schritt auf dem Weg zur Heilung war, als wir aufhörten mit der Nabelschau und uns für andere Menschen öffneten, die auch ihr Päckchen zu tragen haben. Wir sagen nicht mehr: »Gott, warum?«, sondern »Danke, Herr!«.

Dieser Vater freut sich darüber, dass Gott im Sattel sitzt und dass seine Liebe zu uns nicht aufhört, was auch kommen mag. Wir sind Gott wertvoll. Eines der schönsten Geschenke, die ich je bekam, ist ein schöner roter Teller, auf dessen Rand die Worte gemalt sind: »Du bist etwas ganz Besonderes.« Bei den alten amerikanischen Kolonisten war es üblich, dass man jemandem, der ein besonderes Lob verdient hatte, das Essen auf einem roten Teller servierte. Was für eine originelle Art zu feiern! Ich wünschte nur, ich hätte diesen Teller schon vor fünfzig Jahren gehabt. Er erinnert mich daran, dass Gott uns jeden Tag liebt und mit seiner Gegenwart füllt und nicht nur, wenn wir gerade Geburtstag oder Silberne Hochzeit haben.

Warum bin ich für Gott etwas so Besonderes? Weil er mich durch das rote Blut Jesu Christi sieht. Auch Sie sind etwas Besonderes – Gottes Kind. Was nicht bedeutet, dass unser Leben nur lauter Sonnenschein ist. Weil er will, dass wir nicht nur ein bisschen oberflächliches Vergnügen, sondern wahre Freude kennen lernen, gräbt Gott die Brunnen der Freude oft mit dem Spaten des Leids. Aber er legt uns dabei nie mehr auf, als wir tragen können. Er ändert nicht immer unsere Umstände, aber er ändert uns.

Jeder von uns hat es mit drei Personen zu tun: der Person, die er gestern war, der Person, die er heute ist, und der Person, die er morgen sein wird. Wenn ich mir vergeben kann, was ich gestern war, annehmen kann, was ich heute bin, und daran glauben kann, was ich morgen sein werde, dann bin ich auf dem Weg zur Freude. Also: Feiern Sie Ihr Leben! Umgeben Sie sich mit so vielen herzlichen Menschen wie möglich! Lesen Sie Gottes Wort, denn eine Bibel, die aus dem Leim geht, gehört meistens einem Menschen, dessen Leben nicht aus dem Leim ist.

Oft bitten Eltern, deren Kinder sich von Gottes geradem Weg abgewandt haben, mich um Hilfe und Trost. Ich sage ihnen dann: Verlangt kein Endergebnis, solange das Spiel noch läuft! Wir haben noch nicht einmal Halbzeit! Gott hat uns nirgends verheißen, dass wir bei Halbzeit führen werden, aber er verspricht uns, dass der endgültige Sieg unser ist. Das Beste, was wir tun können, wenn unsere Kinder auf Abwegen sind, ist, sie weiterzulieben. In dem oben zitierten Brief fährt der Vater fort:

> Wir zermarterten uns nicht mehr den Kopf, wie wir unseren Sohn »wieder hinkriegen« konnten, sondern sahen ein, dass das Gottes Sache ist. ... Und so konnte unser Sohn aus sich herausgehen und uns seine Liebe zu uns zeigen.

Jeremia schreibt, dass Gott Pläne mit uns hat (29,11)! Laufen Sie der Versuchung einfach davon, hinein in die ausgestreckten Arme Gottes! Setzen Sie sich an seinen Tisch. Wie meine

Schwiegertochter Shannon immer sagt: Lassen Sie sich von ihm zeigen, dass das Fest dort beginnt, wo Sie gerade sind. Das Leben mit Gott ist wie eine riesengroße Umarmung, die nie aufhört!

Kopf hoch!

Für die, die Gott lieben, muss alles zu ihrem Heil dienen. (Römer 8,28)

Zum Beten

Herr, danke, dass du versprochen hast, heute bei mir zu sein und mich in den Entscheidungen, die ich treffen muss, zu lenken. Amen.

Immer fröhlich

Ich bin nicht fünfzig – ich bin 18 und habe
32 Jahre Lebenserfahrung!

Dieses Jahr werden wieder viele Menschen fünfzig. Aber fünfzig ist auch nicht mehr das, was es einmal war. Die Ballettchoreographin Judith Jamison sagt: »Das Schöne an fünfzig ist der Takt, der Rhythmus, die Bewegung. Alles geht weiter.« Und Tennis-Star Billie Jean King fügt hinzu: »Ich glaube, heute ist fünfzig das, was früher fünfunddreißig war. Man wird innerlich stärker.«

Vor meinem 50. Geburtstag habe ich kein einziges Buch geschrieben. Heute sind drei Millionen Exemplare meiner Bücher gedruckt, in 24 Sprachen, plus Blindenschrift und Großdruck. Meine Verleger sind genauso sprachlos wie ich selber, denn ich habe keinen einzigen Schreibkurs für werdende Autoren absolviert. So kann Gott einen gebrauchen, selbst wenn man nach Östrogen und vor dem Tod lebt. Ich denke gerne daran, dass die Zeit eigentlich einfach das ist, was dafür sorgt, dass nicht alles gleichzeitig passiert. Kennen Sie auch schon die sieben Lebensabschnitte der Frau?

Mit 20 möchte sie morgens verliebt aufwachen.
Mit 30 möchte sie verheiratet aufwachen.
Mit 40 möchte sie reich aufwachen.
Mit 50 möchte sie erfolgreich aufwachen.
Mit 60 möchte sie zufrieden aufwachen.
Mit 70 möchte sie gesund aufwachen.
Mit 80 möchte sie am liebsten nicht mehr aufwachen.

Sie sind die Zeit der großen Verwandlungen, die Fünfziger. Als kurze Röcke wieder modern wurden, grub eine Frau aus der hintersten Ecke ihres Kleiderschranks einen alten Minirock aus und probierte ihn an. Er sah toll aus – außer dass sie nicht wusste, was sie mit dem anderen Bein machen sollte.

Manche sagen, das Leben sei nur ein Test, sonst hätten wir eine genauere Anleitung bekommen. Aber halt: Wir haben doch die Bibel, das größte Anleitungsbuch der Welt! Die Bibel ist ein Liebesbuch, in dem Gott uns ermuntert, unserem Leben Sinn zu geben. Und da behaupten über 45 Prozent aller Männer und 40 Prozent der Frauen, sie seien immer noch dabei, den Sinn ihres Lebens herauszufinden. Interessanterweise findet man diese Behauptung nur noch bei 28 Prozent der Frauen über 50. Also schön älter werden, Mädchen – das Beste kommt noch! Dass man wirklich reif wird, erkennt man übrigens daran, dass man etwas für richtig halten kann, ohne das Bedürfnis zu verspüren, dem anderen zu zeigen, dass er falsch liegt. Oder, wie jemand es ausgedrückt hat, daran, dass man vom selbstsicheren »So und nur so ist es« zum nachdenklichen »Vielleicht« vorgedrungen ist.

Ein Arzt schrieb einmal die Beschwerden einiger seiner mittelalten Patientinnen auf. Eine Frau klagte über »Ausnahmslosigkeit«, eine andere beantragte ein »Monogramm«. Es gab »Mitränen« und »Mentalpause«. Aber selbst die Menopause ist kein Ende, sondern eben dies – eine Pause, eine Gelegenheit zum Kräftesammeln vor dem Neuanfang. Sammeln Sie Ihre Kräfte. Die medizinische Forschung versichert uns, dass Frauen nach der Menopause neuen geistigen, seelischen und körperlichen Schwung bekommen. Also: Achtung – fertig – los! Und nicht vergessen: Jeder Tag ist wie ein Koffer. Jeder kriegt die gleiche Größe, aber einige Leute kriegen mehr in ihren Koffer hinein als andere.

Ich habe mir den ersten Tag jedes Monats als meinen persönlichen Spaß-Tag reserviert. Post öffnen, Kochen, Hausputz sind tabu. Manchmal experimentiere ich mit einer neuen Frisur. Oder ich setze mich in meinen Lieblingssessel und mache mein Versandhaus-Shopping. Einmal fuhr ich auf einen schönen hohen Aussichtspunkt über der Autobahn, parkte das Auto, legte eine Kassette mit christlicher Musik ein und sah mir das Treiben unten auf der Autobahn an. Der Monatserste ist mein Luftholen-für-die-Seele-Tag.

Vielleicht lässt Ihr Arbeitspensum keinen ganzen Ausspann-Tag zu; dann nehmen Sie eben ein paar Stunden frei. Lassen Sie einen Drachen fliegen, machen Sie einen Strandspaziergang, machen Sie ein leckeres Picknick nur für sich selber. Spaß haben muss nicht teuer sein. Es ist überall und zu jeder Zeit möglich. Es sind die Stunden, in denen wir unsere Freude über die kleinen Erfolge im Leben ausdrücken – zum Beispiel, dass der hässliche Fleck auf unserem Lieblingskleid endlich verschwunden ist oder dass unser Konto zum ersten Mal ausgeglichen ist.

Das Leben ist kurz, die Jahre gehen immer schneller dahin. Es passiert so leicht, dass man sich die einfachen Freuden des Lebens versagt, weil man »praktisch« sein möchte. Vergessen Sie das Praktische und werden Sie ein Freudensammler, der ständig nach Geschenken ohne Verpackung Ausschau hält. Gott streut sie uns nur so über unseren Weg. An seinen Geschenken hängt ein Zettel: »Das Leben kann so wunderbar sein. Sieh zu, dass du es nicht verpasst!« Freuen wir uns an dem, was wir haben, solange wir es noch haben.

Gott wird in den nächsten Jahren viele Segensüberraschungen auf Ihren Weg streuen. Seien Sie nicht so wie die Frau, die sich als passiv und gelangweilt beschrieb, als »mittelalte Gartenkartoffel«. Seien Sie fröhlich und peppig, tragen Sie hin und wieder eine Pappnase! Überraschen Sie sich selber! Freuen Sie sich über die kleinen Dinge, denn eines Tages werden Sie merken, dass es die großen waren.

Kopf hoch!

Denn das Reich Gottes ist nicht Essen und Trinken, sondern Gerechtigkeit und Friede und Freude in dem heiligen Geist. … Darum lasst uns dem nachstreben, was zum Frieden dient und zur Erbauung untereinander. (Römer 14,17.19, Luther)

Zum Beten

Lieber Gott, du zeigst mir, dass ich nicht in der Midlife-Krise stecken bleiben muss. Ich will voller Energie in das Leben deines Reiches eintreten, wo es kein Trübsalblasen und Down-Sein mehr gibt. Ich werde wach – für deine große Welt, deine tollen Leute, deine herrliche Zukunft. Danke für deinen roten Teppich zu meinem 50. Geburtstag! Amen.

Gesegneter Stress

Irgendwo hinter dem Regenbogen –
muss mein Fluggepäck jetzt sein.

Das ist kein Witz: Selbst Stress kann ein Segen sein, wenn ich weiß, wie man mit ihm umgeht. Meine »Stress-Schule« begann in meinen Teenagerjahren, als ich ein christliches Internat im tiefen Süden der USA besuchte. Das Erste, was ich sah, als ich ankam, war ein großes Schild: »Brabbeln verboten.« (In unserer Familie hieß *brabbeln* »sich erbrechen«. Nun ja, ich konnte sicher versuchen, in dieser Schule nicht zu spucken ...) Dann sah ich Schilder über den Türen sämtlicher Räume mit Aufschriften wie: »Tue recht«, oder: »Opfere nicht das Ewige auf dem Altar des Augenblicks.« Kein Zweifel: Dies war ein geregeltes Haus!

Wie sollte ich all diese Regeln jeden Tag einhalten können? Ich dachte: Das hältst du nicht aus. Aber ich hielt es aus. Und durch. Anstatt zu rebbelieren, versuchte ich, so kooperativ zu sein wie möglich. Ich lernte eine ganz neue Art, auf Dinge zu reagieren, die ich nicht mochte. Wenn man sich ein ganzes Schuljahr lang vornimmt: *Ich will nicht brabbeln*, wird das Nicht-Brabbeln nicht nur eine gute Angewohnheit, es hebt die ganze Seele.

Er war natürlich anstrengend, der Versuch, pausenlos brav zu sein. Aber mit der Zeit lernte ich, dass die richtige Stress-Taktik darin besteht, den Stress leer laufen zu lassen, mit den Wellen zu schwimmen und jeden Tag so zu nehmen, wie er kommt. Anstatt Gott zu bestürmen, mir den Stress zu nehmen, musste ich lernen, seine Wirkung zu neutralisieren. Ich entdeckte, dass die »Sieger« im Leben sich den Stress nutzbar machen, während die »Verlierer« sich ihr Leben von ihm ruinieren lassen. Die »Sieger« sehen bei jedem Problem eine Lösung, die »Verlierer« bei jeder Lösung ein Problem. Um diese Unterschiede zu wissen und sie in seine Stress-Strategie einzubauen ist der Schlüssel dazu, in schweren Zeiten seine Ruhe und Würde zu bewahren.

Manche Menschen scheinen hier einfach nicht die Kurve zu kriegen. Eine Freundin schrieb mir: »Barbara, ich hab ja versucht, mich zu entspannen, aber irgendwie fühle ich mich wohler, wenn ich angespannt bin.« Unsere eingefleischte Einstellung zum Leben zu ändern kann schwierig sein – aber es lohnt sich.

Eine Frau namens Anna Mary Robertson weigerte sich, sich vom Stress des Älterwerdens unterkriegen zu lassen. Nachdem sie zehn Kinder aufgezogen hatte, begann sie zu malen, obwohl sie Arthritis in den Händen hatte. Ein Viertel ihrer Werke schuf sie nach ihrem hundertsten Geburtstag! In Amerika kennt man sie als »Oma Moses«, und ihre über 1500 Gemälde sind unter Kennern hoch geschätzt.

Eine andere ältere Frau benutzte ihre Liebe zur Bibel als Anti-Stress-Therapie, vor allem Psalm 91,4, wo es heißt: »Er wird dich mit seinen Fittichen decken.« (Luther) Wenn diese Frau in Stress geriet, sagte sie sich vor: »Ich bin unter den Federn, ich bin unter den Federn ...« Eines Abends ging sie eine dunkle Straße entlang, als sie merkte, wie zwei Männer ihr folgten. In Ihrer Angst begann sie laut zu rezitieren: »Ich bin unter den Federn! Ich bin unter den Federn!« Worauf der eine der Straßenräuber rief: »Mensch, die ist ja aus der Klapsmühle, mach die Fliege!« Und sie flohen!

Emily Dickinson schrieb einmal: »Hoffnung ist das Ding mit Flügeln, das in der Seele nistet.« Ich verstehe nicht, warum Paulus in seiner geistlichen Waffenrüstung im Epheserbrief die Federn ausgelassen hat. Er sagt dort, dass wir dem Feind in voller Rüstung entgegentreten müssen, um seine feurigen Pfeile abzuwehren. Aber viele Christen sind geistliche Nacktsportler. Sie setzen sich wohl den Helm des Heils auf, aber den Rest vergessen sie. Um dem Stress entgegenzutreten, brauchen wir auch den Gürtel der Wahrheit, den Panzer der Gerechtigkeit, die Schuhe unserer Bereitschaft, Gottes Frieden weiterzutragen, und den Schild des Glaubens. Ach ja, und die Federn nicht vergessen!

Jeder Tag hat sein Quantum Stress. Wenn Sie sich wie eine Sprühdose kurz vor dem Explodieren vorkommen, suchen Sie sich ein offenes Ohr, um Dampf abzulassen. Feiern Sie mit Ihren Freundinnen eine große Mitleidsparty, damit Sie den ganzen Dreck hinauslassen können. Ersticken Sie Ihre Ängste im Mitleid füreinander, und dann stehen Sie auf und umarmen Sie sich fest. Ermuntern Sie einander, nicht aufzugeben! Bleiben Sie am Ball!

Ich bin zu der Auffassung gekommen, dass große Kreuze manchmal gut für uns sind, denn sie lehren uns, die kleinen gelassener zu tragen. Was morgen kommt? Das lassen wir Gottes Sorge sein. Morgen gehört ihm.

Kopf hoch!

Wer dem Herrn treu bleibt, geht durch viele Nöte, aber aus allen befreit ihn der Herr. (Psalm 34,20)

Zum Beten

Herr, ich habe keine Lust, zum Stress-Millionär zu werden. Ich tue mein Bestes, ihn loszuwerden. Gib du mir das Licht und die Liebe, die ich auf meinem Weg brauche. Ich weiß: Du bist bei mir, bei jedem Schritt. Amen.

Weitermachen!

Noah hat nicht auf sein Schiff gewartet – er hat es sich gebaut!

Sie faszinieren mich immer wieder, die Lebensgeschichten von Unternehmern, Sportlern und Musikern, die es bis ganz nach oben geschafft haben. Wie um alles in der Welt halten sie dieses aufreibende Training aus, diese eiserne Disziplin, diese furchtbaren Augenblicke des Absturzes auf dem Weg nach oben? Aus dem Rückblick sieht man freilich leicht, dass ihre Mühen sich gelohnt haben, aber auf ihrem langen Weg müssen sie ihre Stunden des Zweifels gehabt haben, sich mit den gleichen Selbstzweifeln, derselben Unsicherheit herumgeschlagen haben wie wir auch.

Als der Eiskunstläufer Scott Hamilton nach seiner Chemotherapie wieder auf das Eis ging, sagte er breit lächelnd: »Man muss erkennen, dass man selber die treibende Kraft in seinem Leben ist.« Jemand anderes hat es so ausgedrückt: »Gott hat uns zwei Enden gegeben – eines, um drauf zu sitzen, und das andere zum Denken. Ob wir Erfolg haben, hängt davon ab, welches Ende wir am meisten benutzen!«

Die Beispiele anderer Menschen können uns helfen zu glauben, dass auch wir Hindernisse überwinden und Großes erreichen können. Wir sind dafür verantwortlich, unseren Glauben an Gott, an uns selber, an unsere Träume lebendig zu halten. Es liegt an uns, ob wir weitermachen und weiterglauben. Aber mehr noch: Wir sind auch dafür verantwortlich, anderen zu helfen auf ihrem steilen Weg. Jeden Tag treffen wir Menschen, die unterwegs sind und eine helfende Hand, ein aufmunterndes Wort gebrauchen könnten, um weiterzumachen.

Eine Studentengruppe aus den Philippinen fuhr zu der »Precious-Moments«-Kapelle in Carthage/Missouri (wir kennen Sie aus dem Kapitel »Reifenwechsel«), um Sam Butcher zu besuchen, der so viele Jahre schon die Bibelschule, auf der sie waren, unterstützte. Sie wollten auch die Kunstwerke sehen, die sein besonderes Geschenk an Gott waren. Eines Tages spendierten sie Sam einen Musikabend. Ein junger Pianist spielte so wunderbar, dass es Sam tief bewegte. Als Sam dem jungen Mann dankte, sagte der ihm: »Aber Mr. Butcher, Sie haben mir doch das Klavierspielen ermöglicht, wissen Sie das nicht mehr? Als ich sechs Jahre war, damals auf den Philippinen, haben Sie mir ein Klavier geschenkt und gesagt: ›Der Herr hat dir eine ganz besondere Gabe gegeben. Wenn du sie für ihn benutzt, wird er dich segnen.‹ Und Sie haben Recht gehabt! Ich reise um die halbe Welt, und immer wieder höre ich, dass meine Musik ein Segen ist!«

Selbst kleine Gaben können ein mächtiges Bumerang-Potenzial haben. Ein Zwinkern, ein Lächeln, ein ermunterndes Nicken, ein Blumenstrauß – all dies kann anderen helfen, ihre Gaben zu nutzen.

Sam Butchers Gütigkeit wurde erneut zum Bumerang, als er mit Hochdruck dabei war, der Decke und den Wänden der »Precious-Moments«-Kapelle den letzten Schliff zu geben. Als er Feierabend machte und nach Hause gehen wollte, kam er dazu, wie die Wachleute am Tor einem Ehepaar erklärten, dass die Kapelle leider noch nicht für Besucher geöffnet war. Sam lud das Ehepaar kurzerhand zu einer persönlichen Besichtigung ein. Sie waren tief beeindruckt und fragten ihn, ob auch ihr Sohn die Kapelle besichtigen dürfte, obwohl sie noch nicht fertig war.

»Kein Problem«, sagte Sam, »er soll mich halt vorher anrufen.«

Ein paar Tage später kam der Anruf. Am anderen Ende der Leitung war John Ashcroft, der Gouverneur von Missouri, der sich später bereit erklärte, bei der Eröffnung der Kapelle die Rede zu halten!

Wir wissen nie, was aus einer freundlichen Geste alles werden kann. Der Schlüssel heißt nicht: »Habe Erfolg«, sondern: »Sei freundlich.« Der Erfolg verbreitert einfach meine Möglichkeiten, Gutes zu tun, anderen mit Respekt zu begegnen und Liebe zu zeigen. Ob Sie an Ihren eigenen Zielen arbeiten oder jemand anderem helfen, seine zu erreichen – machen Sie weiter! Machen Sie es besser als gestern, arbeiten Sie hart, entschlossen, alles zu tun, was Sie können! Gehen Sie die zweite Meile (Matthäus 6,41) – es könnte sein, dass Sie einen Schatz dabei finden. Der Glaube kann Berge versetzen, aber nur hartes Arbeiten kann einen Tunnel durch sie hindurchgraben!

Kopf hoch!

Hört nicht auf, einander als Brüder und Schwestern zu lieben. Vergesst nicht, Gastfreundschaft zu üben, denn auf diese Weise haben einige, ohne es zu wissen, Engel bei sich aufgenommen.
(Hebräer 13,1-2)

Zum Beten

Lieber Vater, allmächtiger Gott, wie kostbar sind deine Gedanken über mich. Immer suchst du mich, immer bist du an meiner Seite. Lass mich auch so werden wie du und den Menschen zeigen, dass sie mir wertvoll sind und dass ich an ihrer Seite gehe. Was sind wir zusammen für ein tolles Team! Amen.

Zum Schluss

Eine Schlussfolgerung ist der Ort, wo man landet, wenn man vom Denken müde geworden ist.

Als Bill und ich vor vielen Jahren unsere Spatula-Arbeit anfingen, arbeiteten wir mit Eltern, die ein Kind durch Tod oder Homosexualität verloren hatten. Heute bekommen wir körbeweise Post von Eltern, die mit mehreren Schicksalsschlägen gleichzeitig zu kämpfen haben. Diese Mütter und Väter sagen uns praktisch: »Wir sind durch das Feuer gegangen, und der Rauch hängt uns noch in den Kleidern.«

Ich antworte solchen Eltern immer: »Die Wahrheit wird Sie frei machen, aber zuerst wird sie Sie elend machen.«

Ich versuche auch, ihnen zu versichern, dass durchgestandenes Leid ihr Leben reicher machen wird. Unglücksfälle sind der Dünger, der unser Leben Frucht bringen lässt.

Tatsache ist, dass wir selbst mitten in Not und Kampf jeden Tag glückliche Augenblicke haben können. Sie schwimmen in unserem Lebenswasser wie Goldfische, die nur darauf warten, dass wir sie fangen. Meine Erfahrung ist, dass aus jedem Unglück hundert Segnungen kommen. Wenn Sie das nächste Mal in dem Netz Ihrer verzweifelten »Warum?«-Fragen zappeln, stellen Sie sich Ihre Probleme als ein total in sich verknotetes Garnknäuel vor, das Sie nie im Leben entwirren können. Stellen Sie sich weiter vor, wie Sie dieses Knäuel in Gottes Hände legen in dem festen Wissen, dass er allein die Fäden entwirren und zu einem sinnvollen Muster weben kann. Apropos »Fäden«: Es gibt eine christliche Sängergruppe, die eine ihrer Tourneen *Threads* (»Fäden«) genannt hat. Ich mag diesen Namen. Er will sagen, dass wir alle Fäden sind – die einen neu und glänzend, andere rau und zum Zerreißen verschlissen, aber alle auf dem Webstuhl des Lebens, denn nur zusammen bilden wir das Muster, das Gott im Sinn hat. Wir brauchen einander.

Ich brauche Sie, Sie brauchen mich, und der Mensch dort drüben braucht vielleicht uns beide. Eine Mutter schrieb mir, dass sie sich an Feiertagen und in den Ferien immer ganz elend fühlte, weil ihr einziges Kind nichts mehr von ihr wissen wollte. Zum nächsten Muttertag schickte sie allen jungen Müttern, die sie kannte, und den Freundinnen, die ebenfalls Mütter waren, eine Karte. Sie nahm eine Dinner-Einladung an und brachte der Gastgeberin, einer Dame in den Achtzigern, einen Fliederstrauß und Pralinen mir. Von da ab benutzte sie jeden besonderen Tag, um anderen, die noch einsamer waren als sie selber, Freude zu bringen.

Dr. Karl Menninger, der berühmte Psychiater, beantwortete nach einem Vortrag über geistige Gesundheit noch die Fragen der Zuhörer. Jemand fragte ihn: »Was würden Sie jemandem raten, der merkt, dass er kurz vor dem Nervenzusammenbruch steht?« Die meisten der Zuhörer erwarteten, dass Menninger antworten würde: »Zu einem Psychiater gehen.« Doch stattdessen sagte er: »Gehen Sie hinaus auf die Straße und suchen Sie einen Menschen, der Hilfe braucht, und dann helfen Sie ihm.« Dr. Menninger wusste: Der einzige Unterschied zwischen einem Stolperstein und einem Trittstein ist die Art, wie ich ihn benutze.

Eine christliche Frau sah einmal auf der Straße ein obdachloses Mädchen, das in seinem dünnen Kleid vor Kälte bibberte und ganz blass und ausgehungert aussah. Die Frau betete: »Lieber Gott, warum unternimmst du nicht etwas, um diesem kleinen Mädchen und anderen, denen es so geht, zu helfen?«

Gott antwortete: »Das habe ich bereits getan – ich habe dich geschaffen!«

Lernen Sie aus den Lektionen des Lebens. Egal, was Ihre Lage ist, beginnen Sie damit, dass Sie beten, und dann gehen Sie nach vorne, Schritt für Schritt. Am Schluss dieses Buches sind Sie sicher zu dem Schluss gekommen, dass Bumerang-Freude Heilung in Ihr Leben bringt und in das vieler, vieler anderer Menschen. Also los: Werfen Sie sie hinaus, rufen Sie sie hinaus – und erleben Sie, wie sie geradewegs zu Ihnen zurückfliegt!

Freudenwerfer

Wenn jemand dir ein Licht bringt
in deinen grauen Tag,
wenn ein Freund dir hilft zu lächeln,
obwohl dein Herz so schwer,
wenn plötzlich ein Geschenk kommt,
das neuen Auftrieb gibt,
ein kleines Wort gesagt wird,
das dein Auge glänzen lässt –
dann wirf sie, diese Freude,
gleich jemand anderem zu!
Schick gern sie auf die Reise,
behalt sie nicht für dich.
Denn jede kleine Liebe,
das Lächeln, das du schickst,
das Wort, das in ein Herz du sprichst,
kommt als Freude zu dir zurück.

Kopf hoch!

Ihr habt nun Traurigkeit; aber ich will euch wiedersehen, und euer Herz soll sich freuen, und eure Freude soll niemand von euch nehmen. (Johannes 16,22, Luther)

Zum Beten

Herr, was ich gerade durchmache, ist nicht das Ende meiner Geschichte. Jeder Morgen ist in deiner Hand, nach wie vor. Der nächste Augenblick, der nächste Atem, den ich hole, ist ein Geschenk von dir. Hier hast du meine Last. Mach du es, Herr. Ich ruhe in dir, in dem Wissen, dass du Freude für mich bereit hast. Volle, überfließende Freude. Amen.

hänssler

Weitere Bücher von Barbara Johnson:

Mama, hol den Hammer, auf Papas Glatze sitzt 'ne Fliege!

Pb., 180 S., Nr. 392.923
ISBN 3-7751-2923-5

Lachen als bewährte Therapie gegen Stress, Schmerz und Hoffnungslosigkeit! Barbara Johnson bietet einen bunten Strauß aus Erlebnissen, Anekdoten, Ratschlägen und Cartoons. Wer lachen kann, der hat Hoffnung – versuchen Sie es einmal!

Sorgen lähmen – Lieben verändert
Mut für Eltern in harten Zeiten

Pb., 240 S., zahlr. Cartoons, Nr. 392.721
ISBN 3-7751-2721-6

Wie Liebe schwierige Situationen verändert! In ihrer bekannt-humorvollen Weise gibt Barbara Johnson Eltern Rat, ohne aus den Augen zu verlieren, dass hinter jeder Antwort der eine steht, der uns wirklich helfen kann.

Bitte fragen Sie in Ihrer Buchhandlung nach diesen Büchern! Oder schreiben Sie an den Hänssler Verlag, D-71087 Holzgerlingen.

hänssler

LACHEN STECKT AN – WEINEN MACHT NASS
Lass die Freude in dein Leben

Pb., 210 S., zahlr. Cartoons, Nr. 392.606
ISBN 3-7751-2606-6

Fast jeder von uns braucht einen Schuss Fröhlichkeit, einen Spritzer Freude, um frischen Wind in die Seele zu lassen und weiterzugehen. Und darum geht es in diesem Buch: fröhlich durchs Leben zu kommen!

FREUDE IST DIE BESTE MEDIZIN
Mutmachende Gedanken einer leidgeprüften Frau

Pb., 200 S., Nr. 58.126
ISBN 3-7751-2217-6

Barbara Johnson hat erlebt, dass wir Leid in unserem Leben nicht verhindern können, aber sie hat gelernt, damit umzugehen und sich die Freude am Leben nicht nehmen zu lassen. Ein humorvolles und doch nicht oberflächliches Buch!

Bitte fragen Sie in Ihrer Buchhandlung nach diesen Büchern!
Oder schreiben Sie an den Hänssler Verlag, D-71087 Holzgerlingen.